dtv

Warum nicht Korea? Aus Abenteuerlust geht Vera Hohleiter nach Korea. In Berlin lässt sie einen spannenden Job, eine Wohnung im besten Ausgehviertel und viele gute Freunde zurück. Trotz des ständigen Kampfes gegen Schlaflosigkeit, Kakerlaken und die Tücken der koreanischen Sprache gibt es jede Menge zu entdecken: Skurriles, Lustiges, Ärgerliches, Absurdes und schlicht ganz Andersartiges. Das reicht vom Blind Date als Volkssport über Heiraten im Akkord bis zur koreanischen Arbeitsmoral oder dem Zusammenleben mit dem schönen, aber launenhaften Koreaner Sung-Jo.

Vera Hohleiter wurde 1979 in Heilbronn geboren, studierte Literatur-, Politik- und Geschichtswissenschaft in Berlin und Paris, sie schreibt für verschiedene Zeitungen und Zeitschriften, veröffentlicht Kurzprosa in Literaturzeitschriften und Anthologien. Sie lebt zurzeit in Seoul und arbeitet für das koreanische Fernsehen und Radio.

Vera Hohleiter

Schlaflos in Seoul

Korea für ein Jahr

Deutscher Taschenbuch Verlag

Ausführliche Informationen über
unsere Autoren und Bücher
finden Sie auf unserer Website
www.dtv.de

Originalausgabe 2009
3. Auflage 2010
Deutscher Taschenbuch Verlag GmbH & Co. KG,
München

Umschlagkonzept: Balk & Brumshagen
Umschlagfoto: Kim Sung-ryong
Satz: Greiner & Reichel, Köln
Druck und Bindung: Druckerei C. H. Beck, Nördlingen
Gedruckt auf säurefreiem, chlorfrei gebleichtem Papier
Printed in Germany · ISBN 978-3-423-21153-6

Für
»meine Familie und anderes Getier«

Inhaltsverzeichnis

Warum nicht Korea?

Korea? Warum eigentlich Korea? – Was wusste ich schon von Korea? Nichts prädestinierte mich dafür, nach Korea zu gehen. Ich kann nicht behaupten, dass Korea mein Kindheitstraum war – und ehrlich gesagt, kenne ich auch niemanden, der das von sich behauptet. Kinder, die wie ich früh mit Fernweh infiziert wurden, träumen vielleicht davon, später in Paris oder in New York zu leben, auf einem Schiff die Welt zu umrunden oder in Afrika Wildtiere zu beobachten. Manche träumen vielleicht sogar von den Reisfeldern Japans und den glitzernden Häfen von Hongkong und Shanghai, aber Korea kommt in diesen Phantasien nicht vor.

Über Korea wusste ich kaum mehr als jeder durchschnittliche Deutsche, der regelmäßig fernsieht und Zeitung liest. Beispielsweise dass die Sommerolympiade 1988 – die ersten Olympischen Spiele, an die ich mich als Kind erinnern konnte – in Seoul stattgefunden hatte. Aus meiner Schule kannte ich zwei koreanische Mädchen, die von deutschen Eltern adoptiert worden waren. Mir war bewusst, dass Taekwondo aus Korea kam, ebenso wie mein Laptop und mein Handy der Marke Samsung. Die Marken Hyundai, LG und Daewoo waren mir ein Begriff und ich wusste Bescheid über die Teilung des Landes und über die Bedrohung, die von Nordkoreas Atomwaffen ausging.

Wenn mir vor fünf Jahren jemand gesagt hätte, dass ich später in Korea leben würde, hätte ich es vermutlich nicht geglaubt. Ich hätte nicht geglaubt, dass ich wegen eines schönen, aber launenhaften jungen Koreaners meinen Job, meine Wohnung und meine Freunde in Berlin zurücklassen würde. Ich hätte nicht geglaubt, dass ich jemals die koreanische Sprache gut genug lernen würde, um mich zu unterhalten, geschweige denn in einer Fernsehshow aufzutreten. Ich hätte auch nicht geglaubt, dass es ein Land gibt, das einen trotz intensiver Sprach- und Kulturstudien täglich verblüfft und einem manchmal das Gefühl gibt, es nie wirklich zu verstehen.

Ausländer, die in Korea leben, sind merkwürdig gestrandete Wesen, die einem bei erstbester Gelegenheit ihre Lebensgeschichte aufdrängen, die sich viel beschweren, die sich endlos über Kleinigkeiten aufregen, die oft depressiv werden – kurz: Ausländer in Korea sind anstrengende Menschen, die sich in einer heimlichen Komplizenschaft an jeden klammern, der ihre Muttersprache oder wenigstens Englisch spricht. Zu meiner eigenen Schande muss ich gestehen, dass ich mich in keinerlei Hinsicht von den anderen Ausländern unterscheide, dass ich genauso weinerlich, kleinlich und überheblich bin wie alle anderen. Als höfliche und wohlerzogene Europäerin trete ich trotz heftiger Bemühungen, alles richtig zu machen, häufig in Fettnäpfchen und verirre mich immer noch genauso häufig in dem Gewirr koreanischer Regeln und Tabus wie in dem Straßengewirr Seouls.

Den ersten bewussten Kontakt mit Korea hatte ich irgendwann im Frühjahr 2004, als ich den Großteil meiner Zeit in der Berliner Staatsbibliothek am Potsdamer Platz verbrachte und dort meine Diplomarbeit über avantgardistische Lyrik aus dem Ersten Weltkrieg schrieb. In der Mittagspause saß ich an einem der großen Fenster im Erdgeschoss und aß meinen mitgebrachten Obstsalat. Eine junge Asiatin kam auf mich zu und fragte mich in einem etwas gestelzten Deutsch, ob ich ihr ein paar Fragen beantworten könne. Als ich zustimmte, drückte sie mir einen Fragebogen in die Hand und verschwand wieder. Das Mädchen war Koreanerin und schrieb eine Arbeit über das Image Koreas im Ausland. Das Papier bestand aus Fragen wie »Glauben Sie, dass Korea ein hochentwickeltes Land ist?«, »Glauben Sie, dass Korea ein Land mit einer reichen Kultur ist?«, »Können Sie sich vorstellen, einmal nach Korea zu reisen?«

Ich konnte mir so ziemlich alles vorstellen. Ich war vierundzwanzig Jahre alt, neugierig, enthusiastisch und ziemlich abenteuerlustig. In den vergangenen fünf Jahren hatte ich in Berlin, New York und Paris gelebt, war nach Japan und Armenien gereist und hatte eine Weile in Kamerun gearbeitet. Aus einer Laune heraus hatte ich angefangen, eine Reise mit der Transsibirischen Eisenbahn von Russland über die Mongolei nach China zu planen – weil ich meine Schwester besuchen wollte, die für ein Jahr in China studierte, und weil ich Blaise Cendrars' Gedicht über die Transsibirische Eisenbahn mochte. Es gab damals wohl keinen Ort auf der Welt, an den ich nicht gegangen wäre. Also beantwortete ich die Frage »Können Sie sich vorstellen, einmal nach Korea zu reisen?« ohne weiter nachzudenken mit Ja. Ich bejahte auch die Frage: »Können Sie sich vorstellen, einen Koreaner/eine Koreanerin zu heiraten?« Ich kannte zwar keinen Koreaner, aber mir fiel ein Artikel über die spanische Choreographin Blanca Li ein, den ich gelesen hatte. In dem Artikel hieß es, dass Blanca Li den Nachnamen ihres koreanischen Lebensgefährten angenommen hatte. Allein die Vorstellung eines koreanischen Lebensgefährten fand ich glamourös und sehr extravagant. Mit der »Warum nicht?«-Einstellung, mit der ich damals mein Leben führte, beantwortete ich fast alles mit Ja und gab der jungen Koreanerin den ausgefüllten Fragebogen zurück. Sie bedankte sich höflich und schenkte mir zum Dank ein schönes Lesezeichen, auf dem ein Tiger abgebildet war, der einen angeblich vor allem Unglück beschützen soll.

Von diesem Tag an setzte sich Korea in meinen Gedanken fest. Ich schrieb meine Diplomarbeit zu Ende, reiste mit der Transsibirischen Eisenbahn, verbrachte einige Zeit mit meiner Schwester in China, nahm später in diesem Sommer an archäologischen Ausgrabungen in der Ukraine teil und machte im Herbst ein Praktikum in einer Berliner PR-Agentur. Als im Frühjahr 2005 in Berlin das Denkmal für die ermordeten Juden Europas und der dazugehörige Ort der Information eröffnet wurden, fing ich an, dort sechs Tage die Woche zu arbeiten. Ich feierte viel, trank viel und kam irgendwie nie zur Ruhe.

Zur Ruhe kommen wollte ich auch gar nicht. In den Bars von Friedrichshain und Kreuzberg wollte ich einfach meinen Spaß haben und mich nicht dem kollektiven Frust meiner als Generation Praktikum titulierten Altersgenossen hingeben. Ich wollte lieber nicht daran denken, dass sich so viele hochspezialisierte junge Geisteswissenschaftler in Berlin von Praktikum zu Praktikum, von freier Mitarbeit zu freier Mitarbeit, von Job zu Job hangelten.

Ich sah mir mehrmals ›Lost in Translation‹ an und ich verstand Charlotte, die sich orientierungslos und perspektivlos durch Tokio treiben lässt und keine Ahnung hat, was sie mit ihrem Leben anfangen soll. Viele meiner Freunde empfanden den Film als höchst frustrierend, aber mich interessierten vor allem die grellen Bilder, die schrillen Nebenfiguren, die absurden Situationen und die endlosen Kamerafahrten durch Tokio. Als ich mir den Film wieder und wieder auf DVD ansah, wusste ich: Ich wollte wieder nach Asien.

Nach Asien, wo alles bunt und schnell ist, wo man mitten in der Hektik der Millionenmetropolen Ruhe findet, in buddhistischen Tempeln, kunstvoll angelegten Parks und Teehäusern, wo es die absurdesten Kosmetikprodukte, die neueste Technik und die besten Jeans gibt. An meine Zeit in Japan und in China erinnerte ich mich immer wieder gerne und mir fiel der Fragebogen über Korea wieder ein und der koreanische Lebensgefährte von Blanca Li und mein Samsung-Laptop. Warum nicht Korea, dachte ich mir. Warum nicht?

Ich wollte nicht nur durch Korea reisen, ich wollte Korea richtig kennenlernen. Also suchte ich mir eine Beschäftigung für den Sommer. Über eine deutsche Vermittlung fand ich eine koreanische Umweltschutzorganisation, die für ein internationales Projekt im August arbeitswillige Ausländer suchte. Ich meldete mich an und kurz darauf saß ich in einer Buchhandlung an der Gedächtniskirche und sah mir Reiseführer über Korea an.

Ein großer, bulliger Bohemien um die dreißig sprach mich an: »Du willst nach Korea? Warum das denn?«

»Ich interessiere mich für Asien und war schon in Japan und in China. Also dachte ich mir, es wäre spannend, noch ein anderes Land kennenzulernen.«

»Na, du hast ja Mut. Mir wäre das zu gefährlich.«

»Wieso? Ich fahre doch nur nach Südkorea.« Einen kurzen Moment hatte ich tatsächlich mit dem Gedanken gespielt, nach Nordkorea zu reisen, aber die Visa- und Einreisebedingungen hatten mich abgeschreckt.

»Mit diesem Verrückten und seinen Atomwaffen im Norden sitzt man im Süden doch auch auf einem Pulverfass«, sagte der dickliche Bohemien.

Ich vertiefte mich in das Buch, um das Gespräch zu beenden. Die Bedrohung aus Nordkorea schreckte mich wenig. Im ›Lonely Planet‹-Reiseführer für Korea las ich, dass eine Reise nach Südkorea völlig ungefährlich war und es dort »außer in höchsten Regierungskreisen« keine nennenswerte Kriminalität gab.

Anfang August packte ich meinen Koffer. Im Gegensatz zu meinen sorgfältigen Reisevorbereitungen in den Jahren zuvor vergaß ich vieles. Meine Garderobe stellte ich so ungeschickt zusammen, dass nichts so recht zusammenzupassen schien und ich mir während des Monats in Korea permanent schlecht angezogen und schlampig vorkam.

August ist in Seoul vermutlich der unangenehmste Monat des Jahres. Die Hitze und die hohe Luftfeuchtigkeit lassen einem die Kleider am Körper kleben und jeder kurze Spaziergang wird zum Kraftakt. Der Smog legt sich wie ein Nebel über die Stadt und die Intensität der Sonneneinstrahlung wird einem erst bewusst, wenn sich die Haut schmerzhaft rötet.

Meine ersten Tage in Seoul waren genau wie ich sie mir gewünscht hatte. Ich kannte nichts und niemanden. Ich sprach kein Wort Koreanisch und die meisten Koreaner, die mir begegneten, sprachen kein Wort Englisch. Wenn ich essen wollte, ging ich in ein kleines, billiges Restaurant und zeigte der Kellnerin einen Satz in meinem Reiseführer – die koreanische Übersetzung für »Haben Sie vegetarisches Essen?«. Die Kellnerinnen kreuzten meistens die Arme vor der Brust, was – wie ich schnell herausfand – »Haben wir nicht« bedeutet. Ich war irritiert, weil ich in Asien oder in den asiatischen Restaurants in Berlin bisher immer problemlos vegetarisches Essen bekommen hatte. Die ersten Tage ging ich in die 24-Stunden-Läden der Kette 7eleven und ernährte mich von süßem Brot mit roter Bohnenpaste und Sojamilch. Dann fand ich ein vegetarisches Restaurant namens »Dimibang«, dessen gut gelaunte, geschäftstüchtige Besitzerin Jennifer Kim und ihre Kellnerinnen mich heute noch wie eine alte Freundin begrüßen.

Jeden Tag besuchte ich den Jogyesa-Tempel. Die großen Holztüren waren den ganzen Tag weit geöffnet. Ich nahm mir ein rostrotes Meditationskissen und setzte mich zu den alten Damen, die vor drei goldenen Buddhas beteten und meditierten. Ich saß einfach da und sah ihnen zu und niemanden schien meine Anwesenheit zu stören. Im Gegenteil, die alten Damen lächelten mir zu und sagten etwas, das freundlich klang, von dem ich aber kein Wort verstand.

Von meinem Meditationskissen aus sah ich den alten Damen zu, wie sie ihre Finger über die Holzperlen ihrer Gebetsketten gleiten ließen, wie sie Worte vor sich hin murmelten, die ich nicht verstand. Ich sah den kleinen Spatzen zu, die in den Tempel geflogen kamen und an dem Obst herumpickten, das als Opfergabe für die Buddhas vorgesehen war. Niemand verjagte sie. Mich faszinierten die Ruhe und Gelassenheit.

Manchmal kamen Mönche, die auf kleine Trommeln schlugen, und im Rhythmus des Singsangs ihres Gebets verbeugten sich die alten Damen, knieten sich nieder, senkten den Kopf und hielten ihre Hände wie zwei Schalen über den Kopf. Ich wusste nicht so recht, was von mir erwartet wurde, also ahmte ich sie einfach nach. Es schien ihnen zu gefallen, dass ich mitmachte. Eine alte Dame schenkte mir ein buddhistisches Gebetsarmband aus braunen Holzperlen, das ich so lange als Glücksbringer trug, bis es eines Tages kaputtging.

Ich schlenderte durch das Viertel Insadong, das nicht weit vom Tempel entfernt liegt. Insadong ist berühmt für seine Teehäuser und Cafés, für seine niedrigen traditionellen Holzhäuser, für seine Kramläden, in denen man koreanische Souvenirs kaufen kann – kleine Täschchen, Essstäbchen, Fächer, Keramik, kunstvoll verzierte Dosen und Kalligraphien – und für seine Galerien, die zeitgenössische koreanische Künstler ausstellen. Ich kannte den Fluxus-Künstler Nam June Paik. Mehr wusste ich über koreanische Kunst nicht. Ich entdeckte junge Künstler, die Nam June Paik gefolgt waren und rätselhafte, eigenbrötlerische, irritierend-faszinierende Installationen schufen, und ich sah die Arbeiten von anderen jungen Koreanern, die die alte Kunstform der Kalligraphie für sich entdeckt hatten und neu belebten.

Alles, was ich an Korea am meisten liebe – »Dimibang«, den Tempel, Insadong, die zeitgenössische koreanische Kunst –, entdeckte ich in diesen ersten Tagen in Seoul. Alles, was mich an Korea stört und mich manchmal an den Rand eines Nervenzusammenbruchs treibt, blieb mir in diesen Tagen noch verborgen. Ich war einfach eine dieser närrischen Touristinnen, die verzückt betrachten, wie neben dem alten Königspalast ein neuer Wolkenkratzer hochgezogen wird, und das, wie alles andere auch, pittoresk und aufregend finden.

Glühwürmchen und andere Erscheinungen

Eigentlich wollte ich nur einen Monat in Korea bleiben. Hätte ich im Laufe dieses Monats nicht einen jungen Koreaner namens Sung-Jo – oder kurz und amerikanisiert Joe – kennengelernt, wäre ich im September nach Deutschland zurückgereist und Korea wäre nach und nach in meiner Erinnerung verblasst. Korea hätte nichts weiter bedeutet als einen weiteren Stempel in meinem abgegriffenen Pass, ein Kleidungsstück vom Dongdaemun-Markt, das ich in meinem Berliner Kleiderschrank neben mein Suzie-Wong-Kleid aus China und meine bestickte Bluse aus der Ukraine gehängt hätte, eine Anekdote, die ich manchmal auf Partys zum Besten gegeben hätte.

Als ich mich nach einer sinnvollen Beschäftigung für den Sommer umsah, bewarb ich mich erst für ein internationales Projekt in einem Dorf irgendwo in der koreanischen Provinz, das sich in den letzten Jahren zu einer Art Hippiekommune und einem Aussteigerparadies entwickelt hatte. Nur zu neugierig auf koreanische Hippies, war ich ziemlich enttäuscht, als ich erfuhr, dass ich nicht für das Projekt ausgewählt worden war. Stattdessen wurde ich einer Gruppe zugeteilt, die in Bundang, einer Satellitenstadt im Süden von Seoul, Glühwürmchen beobachten sollte. Die Absurdität dieses Vorhabens hatte in meinen Augen etwas Poetisches. Mir fiel ein Ausspruch von Winston Churchill ein: »Wir sind alle Würmer, nur glaube ich, dass ich ein Glühwürmchen bin.« Ich wollte auch gerne glauben, ein Glühwürmchen zu sein.

Später stellte sich heraus, dass auch Joe sich für das Projekt in der Hippiekommune beworben hatte und eher unfreiwillig bei den Glühwürmchen gelandet war. Ob es ein Zufall oder Schicksal war, dass wir uns im August 2005 über den Weg liefen, bleibt letztendlich Ansichtssache. Ich erinnere mich nur, dass Joe mich am 15. August 2005 um 15 Uhr an der Yatap U-Bahn-Haltestelle abholte. Das weiß ich noch so genau, weil das die vereinbarte Zeit und der Treffpunkt waren, die mir die koreanische Organisation, die unser internationales Glühwürmchen-Projekt durchführte, genannt hatte. Joe sollte alle Ausländer an der U-Bahn abholen. Die anderen waren bereits früher eingetroffen. Als ich ankam, wartete er alleine.

An diesem 15. August war es ruhig auf dem großen Platz vor der Yatap U-Bahn-Haltestelle. Nachmittags war es so heiß, dass sich niemand vor die Tür wagte, wenn er keinen triftigen Grund dafür hatte. In Korea ist der 15. August ein Nationalfeiertag. Nach dem Atombombenabwurf auf Hiroshima und Nagasaki hatte der japanische Kaiser Hirohito am Nachmittag des 15. August 1945 Japans Kapitulation im Radio verkündet. Damit endete die 35-jährige japanische Besatzungsherrschaft in Korea. Japans Niederlage wurde zu Koreas Triumph und somit für die Koreaner ein Grund zum Feiern.

Joe sprach mich an. Nach Bundang verirren sich nicht viele Ausländer und ihm war sofort klar, dass ich zu seiner Gruppe gehören musste. Er begrüßte mich, hakte meinen Namen auf einer Liste ab und erklärte mir, dass wir noch auf eine junge Kroatin namens Martina warten müssten. Wir setzten uns irgendwo in den Schatten – was nicht viel half, denn selbst im Schatten war es unerträglich heiß. Wir warteten fünfundvierzig Minuten auf Martina.

Worüber wir uns in dieser Zeit unterhielten, habe ich vergessen. Ich erinnere mich nur noch, dass ich – wie so oft – ziemlich viel und ziemlich schnell redete und dass Joe zuhörte und lachte. Damals dachte ich, dass er über meine Witze lachte, aber inzwischen bin ich zu dem Schluss gekommen, dass er mit größter Wahrscheinlichkeit über mich lachte. Irgendwann, Monate später, gestand er mir, dass er mich, als er mich damals sah, sehr hübsch, aber auch sehr seltsam fand. Mir fiel zuerst auf, dass er sehr groß und gutaussehend war, aber ziemlich müde wirkte.

Irgendwann kam Martina. Joe nahm unsere Gepäckstücke und eskortierte uns beide zu seinem Kombi, in dem sich unser Gepäck problemlos verstauen ließ. Ich fragte mich allerdings, wofür er so ein großes Auto benötigte. In seinem Auto fielen mir zwei Gegenstände auf: ein Kreuz, das vom Spiegel baumelte – woran sich unschwer erkennen ließ, dass Joe einer der zahlreichen koreanischen Christen war – und ein kleines Männchen aus gebranntem Ton mit verzogenem Gesicht und herausquellenden Augen. Ich fragte ihn, was das Männchen darstellen solle. Er sagte: »Ich weiß es auch nicht. Meine Ex-Freundin hat das selbst gemacht. Ich habe es behalten, weil sie sich damals so viel Mühe damit gegeben hat – auch wenn es hässlich ist.« Diese Einstellung fand ich sehr sympathisch.

Das Umweltschutzprojekt stellte sich als ziemlich unspektakulär heraus. Im Wesentlichen mussten wir Garten- und Aufforstungsarbeit machen. Ich stellte mich ziemlich ungeschickt an, hatte aber Spaß dabei, weil ich es sehr erholsam fand, einmal nicht vor dem Computer zu sitzen, sondern im Freien zu sein und mit den Händen zu arbeiten. Glühwürmchen bekamen wir während der ganzen Zeit kein einziges Mal zu Gesicht. Stattdessen vergnügten wir uns abends in Kneipen, Clubs und Karaokebars.

Unsere Gruppe wohnte in einem kleinen Gartenhaus, das aus nur einem Zimmer und einem schmuddeligen Badezimmer bestand. An einem langen Holztisch aßen, tranken und spielten wir abends Karten. Außer Joe und dem Japaner Keichiro waren nur Mädchen in der Gruppe – was aber sowohl Joe als auch Keichiro zu gefallen schien. Nachts räumten wir den Tisch weg, rollten dünne Matratzen aus und schliefen alle nebeneinander auf dem Boden. Joe sah mich ungeschminkt, mit zerzaustem Haar und dunklen Augenringen. Ich sah ihn ohne Kontaktlinsen, mit einer recht unvorteilhaften Brille, verschlafen und ohne sein sonst perfektes Hairstyling mit viel Haargel. Gerade weil wir uns in Situationen erlebten, in denen man eigentlich lieber nicht gesehen wird, stellte sich zwischen uns schnell eine gewisse Vertrautheit ein.

Joe machte von Anfang an keinen Hehl daraus, dass er an mir interessiert war. Er fragte mich schamlos aus und versuchte so viel Zeit wie möglich mit mir alleine zu verbringen. Einmal unternahm unsere Gruppe eine Bootstour auf dem Han, dem Fluss, der durch Seoul fließt. Joe nahm mich unter einem Vorwand beiseite und erklärte mir geradeheraus, dass er völlig von mir fasziniert sei. Ich sagte erst einmal gar nichts dazu. Ich war geschockt. So viel Ehrlichkeit war ich nicht gewohnt. Ich hatte Spielchen erwartet und kleine zweckdienliche Lügen. Für romantische Geständnisse dieser Art war ich einfach zu nüchtern.

Joe war enttäuscht von meiner Reaktion. Wie er mir später erzählte, ließ er sich aber nicht entmutigen, weil ihm ein koreanisches Sprichwort in den Sinn kam: »Frauen sind wie Bäume. Man kann sie nicht mit einem Schlag fällen.« Was meiner Meinung nach, in der Übersetzung, leicht obszön klingt. Seine Hartnäckigkeit fand ich jedenfalls rührend und beeindruckend zugleich.

Als ich vor Jahren einmal ein Drehbuchseminar besuchte, erklärte die Dozentin, um einen kommerziell erfolgreichen Film zu machen, müsse die zynische Figur immer eine Wandlung durchlaufen und durch eine Liebesgeschichte »butterweich« gemacht werden. Ihr Beispiel für diese Art von Filmfigur war Jack Nicholson in ›Something's Gotta Give‹. Auf einmal war ich in Jack Nicholsons Rolle. Mit meinen fünfundzwanzig Jahren fühlte ich mich wie der mürrische alte Playboy im Film, der sich mit über sechzig zum ersten Mal verliebt.

Mein Monat in Korea verging schneller als mir lieb war. Als es Zeit für mich wurde, nach Deutschland zurückzufliegen, überlegte ich fieberhaft, wie ich es anstellen sollte, Joe wiederzusehen. Ich hatte Glück. Joe wollte zum Studieren nach England gehen. Er hatte mir gegenüber diese Pläne mehrmals erwähnt, nur hatte ich nicht mitbekommen, dass dieser Studienaufenthalt unmittelbar bevorstand. Seine Abreise sollte drei Tage nach meinem Rückflug erfolgen. Nachdem unser Umweltschutzprojekt abgeschlossen war, verbrachte ich noch ein paar Tage mit Joe in Seoul. Er schrieb mir einen wunderschönen Brief, den ich erst im Flugzeug lesen durfte. Ich weinte ein bisschen beim Abschied. Dann ging jeder seine eigenen Wege.

Einige Tage nachdem ich wieder in Deutschland war, bekam ich eine E-Mail von Joe, der mir seine neue Telefonnummer mitteilte. Meine Telefonrechnung stieg rapide an. Einige Wochen später buchte ich einen Flug nach London, um Joe zu besuchen. Wir verbrachten ein verlängertes Wochenende zusammen, gingen spazieren, aßen mehrmals in dem gleichen billigen chinesischen Restaurant, redeten ununterbrochen – und hatten einfach sehr viel Spaß. Von da an pendelten wir zwischen Berlin und London hin und her. Einmal im Monat flog ich nach England. Joe kam mehrmals nach Berlin.

Irgendwann fing Joe an, davon zu reden, dass er nach Korea zurückmüsse. Ich versuchte, diesen Diskussionen aus dem Weg zu gehen, weil ich nicht wollte, dass er fortging. Das Thema ließ sich aber nicht unbegrenzt aufschieben. Nach einem Jahr in England genehmigte ihm seine koreanische Uni kein weiteres Urlaubssemester mehr. Daran ließ sich nichts ändern.

Ich kann mich nicht erinnern, mich jemals aktiv dafür entschieden zu haben, nach Korea zu gehen. Mein Unterbewusstsein hatte die Entscheidung schon längst für mich gefällt. Ich erwischte mich immer wieder dabei, wie ich im Internet nach

Informationen über Korea und vor allem nach Sprachschulen in Seoul suchte. Erst überlegte ich mir, für ein paar Monate zum Koreanischlernen nach Seoul zu gehen – exotische Fremdsprachen machen sich immer gut im Lebenslauf. Dann änderte ich meine Meinung und fand, dass ich mindestens ein Jahr bleiben müsse, weil ich schon lange die Erfahrung völliger Fremdheit machen wollte – und das geht eben nur, wenn man länger als ein paar Monate bleibt.

Meine Entscheidung war gefallen. Ich konsultierte meine Eltern und meine Schwester und fragte, was sie von meinen Koreaplänen hielten. Zu meiner größten Überraschung erklärten sie mich nicht für verrückt. Meine Schwester sagte: »Das klingt doch ganz vernünftig. Probier es einfach mal aus. Nach Deutschland kannst du jederzeit zurückkommen.« Dann rief ich Joe in London an und unterbreitete ihm meine Pläne. Er war so überrascht, dass er sagte, er müsse sich erst einmal hinsetzen. Als er sich von dem ersten Schock erholt hatte, war er begeistert und von da an fing er jeden zweiten Satz an mit: »Wenn du nach Seoul kommst.«

Der schwierigste Teil stand mir aber noch bevor. Als ich meinen Berliner Freunden meinen Plan eröffnete, schrien sie auf – aber nicht vor Freude. Es rührte mich, dass sie mich nicht so einfach gehen lassen wollten. Ich wollte selbst nicht aus Berlin weg. Es war, als ob Joe auf der einen Seite und Berlin und meine Freunde auf der anderen Seite an mir zogen wie zwei Magnete. Letztendlich war Joe der stärkere Magnet. Das machte es aber trotzdem nicht leichter, Berlin zu verlassen. Jedes Mal, wenn ich mich von jemandem verabschiedete, sagte ich: »In einem Jahr bin ich wieder da.« – Ich wiederholte es beschwörend wie eine Formel, als wollte ich nicht nur meine Freunde damit beruhigen, sondern auch mich selbst.

Ich kündigte meinen Job, meine Wohnung und sämtliche Daueraufträge. Meine Möbel teilte ich unter meinen Freundinnen und einem Berliner Obdachlosenheim auf. Küchengegenstände brachte ich zu einem Trödler, die Erlöse gingen an das Tierheim in Berlin-Lankwitz. Einen guten Teil meiner Garderobe verkaufte ich in einem schicken Secondhand-Laden. Was noch übrig blieb, lagerte ich im Haus meiner Eltern ein.

Kurz darauf packte ich einen zwanzig Kilogramm schweren Koffer und setzte mich ins Flugzeug nach Seoul.

Buchwissen und Realität

Jemand schubste mich und entschuldigte sich nicht einmal. Ich hatte keine Zeit, mich darüber zu ärgern, denn schon wieder schubste mich jemand. Zum dritten, vierten, fünften Mal, irgendwann hörte ich auf zu zählen. Zum ersten Mal ging ich zu Fuß von meiner neu bezogenen Seouler Wohnung zur Ewha-Universität. Morgens um kurz vor neun Uhr waren viele Menschen auf der Straße. Alle schienen es eilig zu haben – alle drängelten. Als ich nach einem fünfzehnminütigen Fußweg im Sprachzentrum der Ewha-Universität ankam, war ich schlecht gelaunt und fragte mich, wer das Gerücht in die Welt gesetzt hatte, alle Asiaten seien höflich. Vielleicht war derjenige nicht in Korea gewesen.

Geschubst wird in Korea nicht nur auf der Straße. In der U-Bahn wird um freie Sitzplätze gekämpft – und nicht nur um Sitzplätze. Einmal stand ich in einer überfüllten U-Bahn neben der Tür, wo ich mich bequem an einer Stange festhalten konnte. Ein junger Koreaner schob mich beiseite. Ich dachte zuerst, dass er an der nächsten Station aussteigen wollte. Er stieg aber nicht aus, sondern platzierte einfach seine Freundin an der Stelle, an der ich gestanden hatte.

Das schlechte Benehmen in der U-Bahn erinnerte mich an meine Studienzeit in Paris. In Städten wie Seoul oder Paris, wo Millionen Menschen dicht zusammengedrängt auf engem Raum leben, entwickelt sich schnell eine Jeder-will-der-Erste-sein-Mentalität. Ich denke dabei immer an die Wüstenspringmäuse, die meine Schwester als Haustiere hielt, als wir beide noch in der Grundschule waren. Wenn zu viele Mäuse in einem Käfig waren, fingen sie an, sich zu beißen und wir mussten sie trennen.

Bevor ich nach Seoul kam, las ich alles, was ich an Literatur über Korea finden konnte: englischsprachige Reiseführer, die wenigen deutschsprachigen Bücher über koreanische Kultur und Gesellschaft, die verfügbar waren, koreanische Romane in Übersetzung ... Alles vermittelte mir das Gefühl, dass Koreaner besonders höfliche, gastfreundliche und einfühlsame Menschen sein müssen. Zugegebenermaßen gibt es viele Koreaner, die diese angenehmen Eigenschaften besitzen. Einmal begegnete mir ein alter Mann in der U-Bahn, der mich mit den Worten begrüßte: »Welcome to Korea! Have a nice day!« Im weiteren Verlauf des Gesprächs stellte sich heraus, dass das beinahe die einzigen Worte waren, die er auf Englisch beherrschte. Er hatte sie nur einstudiert, um Ausländer, die ihm begegneten, zu begrüßen.

Mindestens genauso viele Koreaner sind aber derart grobunhöflich, dass schon eine hohe Frustrationstoleranz nötig ist, um die Ruhe zu bewahren – das stand leider in keinem dieser Bücher. Kleinigkeiten, wie das Verschicken eines Päckchens, wurden zum Drama, wenn es sich als völlig nutzlos herausstellte, Schlange zu stehen, weil sich sowieso alle vordrängelten. Sich mit aller Kraft zum Postschalter vorzukämpfen, mochte zwar ein kleiner Sieg sein, stellte sich aber als genauso erfolglos heraus, weil der Postangestellte die sorgsam auf Koreanisch einstudierten Sätze nicht verstand und auch auf wildes Gestikulieren nicht reagierte, sondern stattdessen den nächsten koreanischen Kunden bediente.

Not macht bekanntlich erfinderisch. Ich fand heraus, dass in großen Postämtern Wartenummern vergeben werden – was das Vordrängeln nicht unmöglich machte, aber zumindest erschwerte. Da mein holpriges Koreanisch öfter Kommunikationsprobleme verursachte, ging ich dazu über, vorher aufzuschreiben, was ich sagen wollte, und im Notfall den Zettel vorzuzeigen. In schwierigeren Fällen – wie dem Abschließen eines Mobilfunkvertrags oder dem Eröffnen eines Bankkontos – nahm ich Joe oder eine koreanische Freundin mit, die für mich übersetzen mussten.

In keinem der Bücher, die ich gelesen hatte, wurde auf mögliche Schwierigkeiten im Alltag hingewiesen. Ich fragte mich, wie Ausländer zurechtkamen, die nicht Koreanisch sprachen und keine koreanischen Freunde oder Angestellten hatten, die ihnen behilflich waren. Die Antwort war: gar nicht. Einmal beobachtete ich einen jungen Amerikaner in einem Handyladen. Er versuchte, sich auf Englisch und mit Händen und Füßen zu verständigen. Noch bevor ich meine Hilfe anbieten konnte, verließ er frustriert den Laden. In Serviceeinrichtungen, wie Postämtern, Supermärkten, Handyläden oder Banken, findet sich nur mit sehr viel Glück englischsprachiges Personal. Manchmal bieten junge Leute – die meist passabel Englisch sprechen – spontan an, zu dolmetschen. Viele »übersehen« aber absichtlich die missliche Lage, in die der ausländische Besucher geraten ist, weil sie zu schüchtern sind, ihre theoretischen Englischkenntnisse praktisch anzuwenden.

Weniger Hemmungen haben die meisten Koreaner, wenn es darum geht, *über* Ausländer zu sprechen. Auf der Straße, in der U-Bahn, im Bus – eigentlich in jedem öffentlichen Raum – machen sich Koreaner aller Altersgruppen einen Spaß daraus, Ausländer zu beobachten und deren Aussehen und Benehmen ausführlich zu kommentieren. Da die meisten davon ausgehen, dass Ausländer ohnehin kein Koreanisch sprechen, nehmen sie sich dabei kein Blatt vor den Mund und machen sich auch nicht die Mühe, leiser zu sprechen. So kann es schon vorkommen, dass eine der Sprache mächtige Ausländerin sich in der U-Bahn eine genaue Beschreibung der Form und Größe ihres Hinterns anhören muss.

Abfällige Bemerkungen können nicht nur zu üppig oder

zu mager ausgefallene Körperformen betreffen, sondern auch alle anderen physischen Merkmale, die in Korea als unattraktiv gelten: Sommersprossen, Muttermale, Leberflecken, sichtbare Narben, dunkle Haut, gelocktes oder krauses Haar, Kurzhaarfrisuren bei Frauen, Glatzen, krumme Zähne, überproportional große Augen – die als Zeichen von Ängstlichkeit gelten – oder hervorquellende Augen, starke Körperbehaarung … Opfer solcher verbaler Attacken haben mehrere Möglichkeiten, mit der Situation umzugehen. Manche ärgern sich und versuchen, sich an den koreanischen Schönheitsstandard anzupassen und das bemängelte Körperteil entweder zu verbergen oder – sofern möglich – den vermeintlichen Mangel zu beseitigen. Andere betonen aus Trotz ihre Fehler und liefern koreanischen Lästermäulern noch mehr Diskussionsstoff, was die Situation ins Groteske ziehen kann. Die vernünftigste Lösung ist sicher, sich immer wieder selbst zu bestätigen, dass man zumindest in Europa als normal aussehender Mensch akzeptiert wird. Tröstlich mag auch sein, dass zu den in Korea als nicht besonders attraktiv geltenden Menschen Nicole Kidman, Liv Tyler, Natalie Portman, Tyra Banks und andere international gefeierte Schönheiten gehören.

Ironischerweise sehen die meisten Koreaner, die gerne über Ausländer lästern, selbst nicht so aus, als seien sie über jede Kritik erhaben. Viele Koreaner haben einen Kleidungsstil, der diplomatisch ausgedrückt »gewöhnungsbedürftig« ist und mögen Farbkombinationen, die in Europa vermutlich als gewagt gelten würden. Moden wechseln in Seoul schnell. Während die ältere Generation einen konservativ-zurückhaltenden Kleidungsstil pflegt, kleiden sich junge Koreaner meist auffällig-bunt. Aus der Garderobe der jungen Frauen sind winzige Miniröcke und Hot Pants nicht mehr wegzudenken.

Der Übergang von körperverhüllenden Gewändern zu provokativeren Outfits auf den Straßen von Seoul ist ein modisches Phänomen, das allerdings bei vielen in den Köpfen noch nicht angekommen ist. Viele junge Koreanerinnen tragen zwar winzige Miniröcke, fühlen sich aber offensichtlich äußerst unwohl darin. Überall in Seoul lassen sich junge Frauen beobachten, die jedes Mal, wenn sie eine Treppe hinaufsteigen, ihre Handtasche hinter sich hertragen, um damit die Rückseite ihrer Oberschenkel vor ungewollten Blicken zu schützen.

In einer Fernsehshow, in der Prominente kniffelige Fragen beantworten müssen, sitzen die Gäste – wie in traditionellen koreanischen Häusern – nebeneinander auf dem Boden. Junge Starlets sind oft von der Taille an in Wolldecken eingehüllt. Als ich die Sendung zum ersten Mal sah, fand ich den Anblick irritierend, weil ich nicht verstand, warum junge Sängerinnen und Schauspielerinnen den Auftritt nicht dazu nutzten, um sich in einem spektakulären Outfit von ihrer besten Seite zu präsentieren. Die Antwort war denkbar einfach: Die Outfits unter der Wolldecke waren spektakulär, nur eben ziemlich knapp und wurden deshalb bedeckt.

Bei der Übertragung einer Preisverleihung sah ich einmal eine junge koreanische Schauspielerin in einem roséfarbenen, großzügig ausgeschnittenen Minikleid. Mit einer Hand hielt sie ihr winziges Clutch-Täschchen schützend vor ihre Oberschenkel, mit der anderen Hand versuchte sie verzweifelt, ihr Dekolleté zu bedecken. Der Anblick war fast schon schmerzhaft peinlich. Ich fragte mich ernsthaft, warum sie nicht – wie der Großteil der anderen Stars – in langer Robe erschienen war, sondern zu dem Minikleid gegriffen hatte, das ihr offenbar so großes Unbehagen bereitete.

Überall auf der Welt kreieren Trendsetter Moden, die dann von Nachmachern weiterverbreitet werden. Mode entsteht immer aus dem Spannungsfeld zwischen individueller Kaufentscheidung, Anpassung an den Gruppendruck und dem Wunsch, in der Öffentlichkeit ein gesellschaftlich akzeptables Äußeres zu präsentieren. In Europa wird Mode als Ausdruck der Individualität angesehen, in Korea liegt der Akzent eher auf dem Zugehörigkeitsgefühl zu einer Gruppe. Während im westlichen Ausland Mode dazu genutzt wird, sich selbst zu inszenieren und Aufmerksamkeit zu erhaschen, ist Mode in Korea eine Möglichkeit, unterzutauchen und sich anzupassen. Koreaner sind davon überzeugt, dass Gleichförmigkeit Harmonie erzeugt. Wenn die Anpassung das Tragen eines winzigen Minirocks verlangt, nehmen die meisten Koreanerinnen gerne die unbequemen Nebeneffekte auf sich. Sticheleien haben sie schließlich nicht zu befürchten. Auch wenn das Outfit provokativ ist: solange alle uniformartig dieselben Miniröcke, ähnliche Schuhe und Frisuren tragen, bietet sich keine Angriffsfläche für negative Äußerungen und Kritik. Die Einzigen, die sich täglich dem Spott der Massen aussetzen, sind die in Korea lebenden Ausländer, die absichtlich oder unabsichtlich ständig gegen koreanische Moderegeln verstoßen.

Das kollektive Tragen knapper Outfits ähnelt optisch der Jugendrevolte der späten 1960er Jahre. So eine Revolte kündigt sich nicht nur modisch an. In allen Büchern, die ich über Korea gelesen hatte, wurde unmissverständlich darauf hingewiesen, dass Küssen und Händchenhalten in der Öffentlichkeit verpönt sind. Manche Autoren warnten vor missbilligenden Blicken, schimpfenden Großmüttern und unschönen Witzen.

Schon an meinem ersten Tag in dem Univiertel Sinchon fiel mir auf, dass öffentliche Zuneigungsbekundungen im heutigen Korea nicht mehr gesellschaftlich sanktioniert werden. Im Gegenteil – in Vierteln, die hauptsächlich von jungen Leuten frequentiert werden, wird ein Pärchenkult zelebriert, der den meisten Ausländern übertrieben scheint. Junge koreanische Paare treten gerne im Partnerlook auf – dieselben Jeans, dieselben T-Shirts, dieselben Jacken. Sogenannte couple shirts werden sogar extra zu diesem Zweck hergestellt. Es handelt sich dabei um identische T-Shirts, die oft mit unmissverständlichen Aussagen wie »This is my boyfriend« und »This is my girlfriend« bedruckt sind. Paare, die weder verlobt noch verheiratet sind, tragen in der Regel klobige couple rings. Es gibt Läden, die sich auf Produkte für Paare spezialisiert haben und alles anbieten von Pärchen-Kaffeetassen bis hin zu Pärchen-Brillen.

So lächerlich diese Selbstinszenierung erscheinen mag, sie beinhaltet doch einen gewissen Mut, sich gegen das konservative Gesellschaftsbild der älteren Generation durchzusetzen. Korea ist nach wie vor ein Land, in dem eine bigotte Prüderie nach US-amerikanischem Vorbild zum Alltag gehört, ein Land, in dem Homosexualität offiziell nicht existiert und als »westliche Dekadenz« bezeichnet wird, ein Land, in dem Sex vor der Ehe heimlich in schmuddeligen love motels stattfindet – und ein Land, in dem die Chefs der großen Konzerne Bordellbesuche als Spesen von der Steuer absetzen.

Die händchenhaltenden Pärchen im Partnerlook symbolisieren den Anbruch einer neuen Zeit. Auf den Straßen von Seoul wird geküsst und mit jedem Kuss erobern sich junge Koreaner ein kleines Stückchen mehr Freiheit.

»Das ist ein bisschen merkwürdig« – Von den Tücken der koreanischen Sprache

»Dsch.« Die Lehrerin schüttelte den Kopf. »Sch.« Eigentlich riet ich nur. Wieder schüttelte sie den Kopf. Wenn es weder Dsch noch Sch war, blieb nur noch eine Möglichkeit: »Tsch!«

»Richtig!«, jubelte die Lehrerin und klatschte in die Hände. »Gut gemacht!« Ich lächelte müde. Für mich klang alles gleich.

Wer Koreanisch lernen möchte, muss sich zuerst mit dem Alphabet Hangul beschäftigen. Die vierundzwanzig graphischen Zeichen wurden im Jahr 1443 von König Sejong dem Großen erfunden. Davor benutzten die Koreaner chinesische Schriftzeichen. Da nur eine gebildete Oberschicht die chinesische Schrift lernte, war die Analphabetenrate groß. In einer intellektuellen Meisterleistung – auf die die Koreaner heute noch so stolz sind, dass jedes Jahr am 9. Oktober der Hangul-Tag gefeiert wird – schuf König Sejong ein phonetisches Alphabet, dessen Zeichen die Stellung von Mund und Zunge bei der Aussprache der koreanischen Worte nachahmen. Unter den weltweit rund hundert existierenden Alphabeten ist Hangul die einzige Schrift, die von einem Mann allein erfunden wurde. Als König Sejong die koreanische Schrift einführte, behauptete er, ein begabter Schüler könne Hangul an einem Nachmittag und jeder Idiot innerhalb von zwei Wochen lernen.

Ich würde mich nicht als Idioten bezeichnen, aber ich benötigte doch deutlich mehr als einen Nachmittag, um Koreanisch lesen zu lernen. Ich fühlte mich in die erste Klasse zurückversetzt. Mühsam buchstabierte ich mich durch die kurzen Texte, die die Lehrerin uns gab. Anders als in der ersten Klasse gab es aber keinen Aha-Effekt, kein Wiedererkennen von Wörtern, die ich gesprochen schon so oft gehört hatte. Als ich Koreanisch lesen lernte, gab mir jeder Satz ein neues Rätsel auf. Nach wenigen Wochen konnte ich alles lesen und verstand doch nichts.

In Berlin hatte ich aus Spaß mit dem Koreanischlernen angefangen. Ich wollte Joe beeindrucken und dachte, wenn ich seine Sprache verstand, würde ich auch ihn verstehen. Mit Joe sprach ich immer englisch, aber manchmal benutzte er koreanische Sprichwörter, die er Wort für Wort übersetzte. Er sagte Sätze wie: »Frauen sind wie Schilf. Sie ändern mit jedem Windhauch ihre Meinung.« Das klang manchmal poetisch, manchmal albern. Für mich war Koreanisch eine Geheimsprache, in der sich Joe mit seinen Freunden unterhielt, wenn ich nichts verstehen sollte. Ich wollte dem Geheimnis auf den Grund gehen und allen beweisen, dass es keine Sprache gab, die man mit einiger Anstrengung nicht lernen konnte.

In Berlin ging ich einige Zeit einmal die Woche abends zum Unterricht. Es blieb nicht viel davon hängen, weil ich nie Zeit hatte, Vokabeln zu lernen. Ich lernte einfache grammatikalische Strukturen, die ich aber nicht richtig anwenden konnte. Als ich in Seoul ankam, konnte ich Sätze sagen wie: »Der Vater liest die Zeitung« oder »Das Wetter ist schön«. Zumindest den Satz über das Wetter konnte ich gelegentlich anwenden. Doch sobald ich eine Konversation über das Wetter anfing, konnte ich mir sicher sein, dass ich die Antwort meines Gesprächspartners nicht verstehen würde.

Meine Standardantwort war, wenn ich angesprochen wurde: »Das ist ein bisschen merkwürdig.« Merkwürdig fand ich, dass in Seoul nie Nieselregen, sondern immer Platzregen fällt. Merkwürdig fand ich, dass Koreaner – besonders junge Paare – ihre Zuneigung durch Auftritte im Partnerlook zeigen. Merkwürdig fand ich, dass Koreaner nur »koreanisierte« Versionen von ausländischem Essen herunterzubringen scheinen. Meinen Standardsatz wendete ich auch an, als mir Joes ältere Schwester ihren Ehemann vorstellte und mir erklärte, dass seine Lieblingsmusik »Gothic Metall« sei. »Das ist ein bisschen merkwürdig«, erklärte ich und Joes Schwager lächelte säuerlich.

In Seoul schrieb ich mich an der Ewha-Frauenuniversität ein, deren Sprachzentrum unter Ausländern einen guten Ruf hat. An meinem ersten Tag musste ich einen Einstufungstest absolvieren, bei dem meine Vorkenntnisse abgefragt wurden. In der schriftlichen Prüfung kam ich mit einer Kombination aus Halbwissen und Raten ziemlich gut zurecht. In der mündlichen Prüfung war ich weniger erfolgreich. Die Lehrerin fragte mich auf Koreanisch: »Wie lange lernen Sie schon Koreanisch?« Ich verstand die Frage und wollte auch zu einer Antwort ansetzen, aber plötzlich fielen mir die Zahlen nicht mehr ein. Im Koreanischen gibt es zwei Zahlensätze – einen rein koreanischen Zahlensatz und einen sino-koreanischen Zahlensatz, der von den chinesischen Zahlwörtern abgeleitet ist. Ich konnte mir nie merken, wann man welche Zahlen benutzt. Die Lehrerin ließ mir Zeit, meine Antwort zu formulieren. Als nach einigen Minuten aber immer noch nichts aus meinem Mund herauskam, wiederholte sie ihre Frage in makellosem Deutsch. Beschämt antwortete ich ihr auf Deutsch und tauschte ein paar Höflichkeitsfloskeln mit ihr aus, während sie ein Formular ausfüllte. »Sie gehen wohl besser in die Anfängerklasse«, sagte sie.

»Aber ich kann doch schon lesen!«, protestierte ich.

»Ja, aber Sie verstehen doch gar nicht, was Sie lesen. Der Anfängerkurs ist auch nicht einfach. Was Sie in Berlin gelernt haben, nehmen wir hier in den ersten vier Wochen durch, danach lernen Sie etwas Neues«, versprach sie mir.

Im Kurs traf ich auf eine Amerikanerin, eine Argentinierin, acht Japanerinnen, die oft im Chor aufkreischten, und einen 19-jährigen Taiwanesen, der als einziges männliches Wesen in der Klasse so genervt war, dass er sich in den Pausen schlafend stellte, um nicht mit uns reden zu müssen.

Bis vor Kurzem war Männern auf dem Ewha-Campus der Zutritt verboten. Früher drängelten sich gegen Abend Scharen von jungen Männern auf dem Platz vor dem Haupteingang und warteten, bis ihre Freundinnen aus den Vorlesungen kamen. Heute dürfen Männer den Campus betreten, aber bis auf männliche Professoren, ab und zu auftretende Handwerker und Ausländer, die im Sprachzentrum studieren, bleiben Männer seltene Besucher. Koreanische Männer fühlen sich immer noch seltsam deplatziert und unwillkommen auf diesem weiblichen Terrain.

Dass die Priorität des Sprachunterrichts an der Ewha auf Kommunikationstraining lag, wurde uns schnell klar. Jeden Tag heftete unser Lehrer überdimensionale Comics an die Tafel. In den Sprechblasen standen Schlüsselwörter auf Koreanisch. Anhand dieser Begriffe mussten wir den Dialog der Comicfiguren selbst formulieren. Wir übten die Dialoge so lange, bis wir sie fast auswendig konnten und spielten sie dann in Zweierteams an der Tafel vor. Es ging dabei um ganz alltägliche Situationen – einkaufen, Briefe abschicken, nach dem Weg fragen, Wäsche in die Reinigung bringen ...

Alles, was wir im Unterricht lernten, konnten wir auch bald anwenden. Wenn wir einen Koreaner ansprachen, passierte es aber leider nur zu oft, dass er nicht wie in der Sprechblase vorgesehen antwortete, sondern irgendetwas vor sich hin nuschelte, das wir beim besten Willen nicht verstanden. Manchmal begriffen wir ein paar Brocken, aber da gebildete Koreaner gerne komplizierte Grammatik verwenden, die wir nicht kannten, erfassten wir das übergeordnete Thema des Satzes, aber nicht den eigentlichen Inhalt.

Die koreanische Grammatik ist außerordentlich komplex. Mit indogermanischen Sprachen lässt sich kaum eine Ähnlichkeit finden. Im Koreanischen gilt nicht die Satzstruktur Subjekt, Prädikat, Objekt, sondern – wie im Japanischen – Subjekt, Objekt, Verb. Das Verb wird nicht im Bezug auf das Subjekt konjugiert, sondern ändert seine Form je nach Höflichkeitsstufe. Die Höflichkeitsstufen fand ich mehr als einmal »ein bisschen merkwürdig«.

Meine japanischen Kommilitoninnen hatten damit weniger Probleme als ich. Im Deutschen gibt es nur »du« und »Sie«, während sowohl das Koreanische als auch das Japanische ein kompliziertes Geflecht an höflichen Ausdrucksweisen kennt. Im Koreanischen gibt es eine joviale Form, die für beste Freunde, nahestehende Familienangehörige, Gleichaltrige und Kinder gilt. Der Honorativ drückt Achtung vor Respektspersonen wie Professoren, Ärzten und Großmüttern aus oder gewährleistet einen höflichen Umgang zwischen Verkäufer und Kunden. Eine andere Höflichkeitsform wird fast ausschließlich für Vorträge und Präsentationen verwendet oder von Männern, die besonders männlich klingen möchten. Es gibt eine freundlich-distanzierte Form, die immer dann passt, wenn jemand älter ist als man selbst, man ihn nicht gut kennt oder keine andere Höflichkeitsstufe angemessen ist. Während meines ersten Jahres in Korea hielt ich mich stur an die letzte Form und hoffte inständig, man möge mich verstehen.

Mit meinen Klassenkameraden zu reden, fiel mir leichter als eine Unterhaltung mit Koreanern, weil wir alle auf dem gleichen Wissensstand waren. Am liebsten mochte ich Konomi, eine 31-jährige Grafikdesignerin aus Tokio, die mit einem Koreaner verheiratet war und sich mit ihrer Schwiegermutter auf Koreanisch unterhalten wollte. Konomi war die ideale Gesprächspartnerin, weil sie über rudimentäres Englisch, eine rasche Auffassungsgabe und eine Engelsgeduld verfügte. Wenn ich mit Konomi Mittagessen ging, unterhielten wir uns ein bis zwei Stunden auf Koreanisch – oder dem, was wir dafür hielten – über alles, was uns gerade einfiel und wir irgendwie ausdrücken konnten. Unsere winzigen elektronischen Wörterbücher blieben während des Essens zur Sicherheit auf dem Tisch. Wenn wir unbekannte Wörter nachsehen mussten, klickte Konomi für mich auf die Erklärung in Englisch und ich für sie auf die japanische Übersetzung. Wir amüsierten uns dabei bestens und die Koreaner an den Nebentischen, die unsere Unterhaltung belauschten, ebenso.

Manchmal gingen wir abends mit der ganzen Klasse aus. Wir aßen zusammen und unterhielten uns etwa eine Stunde lang, bis uns der Gesprächsstoff ausging. Danach besuchten wir eine Karaokebar, die Zimmerchen vermietete, in denen man mit seinen Freunden ungestört – wenn man von dem Gegröle aus dem Nachbarraum einmal absah – singen konnte. Die acht Japanerinnen trugen sehr schön, fast professionell japanische Balladen vor, während meine amerikanische Freundin Ponta und ich uns – zur allgemeinen Belustigung – durch kitschige amerikanische Popsongs quälten. Einmal kam einer unserer Lehrer mit, der als extrovertierter Trunkenbold bekannt war. Meine japanischen Freundinnen verehrten ihn, weil er passabel Japanisch sprach und als der schönste Lehrer galt – wobei die Konkurrenz nicht gerade groß war, da nur zwei oder drei Männer im Sprachzentrum unterrichteten.

Unser Lehrer – Mr. Park – kam eine halbe Stunde zu spät zum vereinbarten Treffpunkt. Er trug nur ein weißes Hemd und eine Anzughose, obwohl es bereits Mitte Dezember war, und entschuldigte sich mit den Worten: »Ich war noch mit ein paar Freunden einen trinken.« Das war ein Satz, den wir gut verstanden, denn mit Freunden trinken spielt eine wichtige Rolle im koreanischen Gesellschaftsleben – das wussten sogar Sprachschüler im ersten Semester.

Wir gingen also mit Mr. Park in ein traditionelles koreanisches Restaurant. Für mich als Vegetarierin gab es kaum etwas zu essen. Fast alle Gerichte enthielten Fleisch oder Meeresfrüchte. Ich aß Pfannkuchen und trank mit Mr. Park bunte Schnäpse. Soju, den Lieblingsschnaps der Koreaner, gibt es wegen seines üblen Fuselgeschmacks auch mit künstlichem Fruchtaroma – Erdbeere, Pfirsich, Orange, Zitrone ... Ich trank mich mit Mr. Park durch die gesamte Farbpalette und nebenbei konsumierte er noch Bier mit Ponta und den Japanerinnen, die sich wunderten, warum ausgerechnet die Deutsche Bier und Würstchen nicht anrührte.

Mr. Park unterhielt sich mit uns abwechselnd auf Koreanisch, Japanisch und Englisch, aber je weiter der Abend fortschritt, desto verwaschener sprach er, sodass es eigentlich egal war, welche Sprache er benutzte. Zur großen Enttäuschung einiger meiner japanischen Kommilitoninnen erzählte er, dass er verheiratet sei. Das erklärte zumindest die Telefonanrufe einer offensichtlich wütenden Dame, die er ungefähr jede halbe Stunde auf seinem Handy entgegennahm. Er erklärte gelassen, seine Ehefrau sei etwas aufgebracht, weil er schon mehrere Abende hintereinander ziemlich spät und ziemlich angetrunken nach Hause gekommen sei. Wenn sie anrief, flüsterte er beschwichtigend ein paar Worte auf Koreanisch ins Telefon, die vermutlich bedeuteten, dass er bald nach Hause kommen würde und dass er den Studenten doch den Gefallen tun müsse, einen Abend mit ihnen zu verbringen. Da Mr. Parks Ehefrau sicher klar war, dass es am Sprachzentrum nur sehr wenige männliche Studenten gab, und sie vermutlich auch wusste, dass Mr. Park in alkoholisiertem Zustand ein schwer zu zügelndes Temperament hatte, war ihr Misstrauen nur zu verständlich.

Mr. Park ließ sich von den ständigen Anrufen seiner Ehefrau aber wenig beeindrucken und ging mit uns zum Karaoke. Wir erwarteten, dass er im Separee gleich das dort immer bereitliegende Tamburin ergreifen und seine Show abziehen würde. Überraschenderweise wurde Mr. Park aber plötzlich melancholisch, setzte sich in eine Ecke und blies Trübsal. Er tröstete sich aber bald mit einem weiteren Bier – es zählte bereits niemand mehr mit. Als er sich für seinen Auftritt bereit fühlte, setzte er zu einer schwermütigen koreanischen Ballade an. Er sang mit geübter Stimme.

»Ob er das wohl einstudiert hat?«, fragte ich Ponta.

»Einstudiert wohl nicht. Er macht das nur fast jeden Tag«, sagte Ponta.

Als Ponta und ich an der Reihe waren, suchten wir uns »All I Want for Christmas Is You« aus. Wir konnten beide Mariah Carey nicht besonders leiden, aber wenn man nicht gut singen kann, ist es wichtig, ein Lied zu wählen, das zur Stimmung passt, nicht zu anspruchsvoll ist und das alle kennen – weil dann die anderen mitsingen und man so automatisch einen Hintergrundchor bekommt, der ausgleicht, wenn die eigene Stimme mal wieder zu dünn ist, um die dramatischen Stellen des Liedes zu bewältigen. Ponta und ich machten unser mangelndes Gesangstalent durch einen kecken Hüftschwung wett – was Mr. Park prompt mit Applaus honorierte und unseren Auftritt zu einem würdigen Abschluss brachte.

Irgendwann waren alle müde, betrunken, heiser oder alles zusammen. Wir wollten nach Hause gehen. Mr. Park aber traf Freunde, verabschiedete sich von uns und blieb. Am nächsten Morgen war die Semesterabschlussfeier, die wie jeder offizielle Akt in Korea groß zelebriert wurde. Meine ganze Klasse sah müde und verquollen aus. Der Einzige, der noch schlechter aussah, war Mr. Park.

Neben Mr. Park gab es viele Lehrer an der Ewha, die mich über die Monate hinweg unterrichteten. Da war die sanftmütige Miss Yi, die es verstand, in einfachsten Worten komplizierte Sachverhalte darzustellen, die resolute, umwerfend komische Mrs. Gu, die warmherzige Mrs. Song, die witzig-charmante Mrs. Ok, die energische und aufmunternde Miss Park (die nichts mit Mr. Park zu tun hatte – in Korea sind die Nachnamen Park, Kim, Yi und Oh so weit verbreitet, dass sich Nachnamen als Unterscheidungsmerkmale schlecht eignen) und einige Lehrerinnen, die ich lieber vergessen möchte.

Konomi ging zurück nach Tokio und Ponta nach Washington D. C. Andere Studenten kamen, die Klassen wurden neu durchmischt. Ich lernte eisern weiter. Meistens zusammen mit Japanerinnen. Da ein Großteil der Konversationsübungen im Unterricht aus der Frage: »Wie macht man das bei euch zu Hause?« bestand, lernte ich mit der Zeit auch einiges über die japanische Psyche. Die Methode mit den Sprechblasen blieb immer die gleiche. Nur führten die Comicfiguren auf einmal komplexe Dialoge über verlorene Jugendträume, karitative Aktivitäten und die Rezession. Je besser wir sprachen, desto mehr durften wir improvisieren. In den Dialogübungen präsentierten die Japanerinnen oft groteske Szenarien, die Ehedramen, Exhibitionisten und den Diebstahl von Damenunterwäsche zum Thema hatten.

Wenn wir nicht über so pikante Themen sprachen, lernten wir neues Vokabular anhand von koreanischer Popmusik, machten komplizierte Ausspracheübungen, sahen uns Filme und Musicals an und bereiteten zusammen traditionelle Reiskuchen zu.

Die Ewha war lange Zeit der einzige Ort in Seoul, der mir das Gefühl gab, immer willkommen zu sein – der einzige Ort, an dem mir ständig versichert wurde, dass mein fehlerhaftes Koreanisch »niedlich« war, der einzige Ort, an dem meine kleinen Erfolge begeistert beklatscht und meine zahlreichen Probleme geduldig angehört wurden. Viele Dialoge, die wir übten, beschäftigten sich mit Themen wie »Sorgen und Nöte ausdrücken« und »anderen Ratschläge und Trost geben«. Wenn jemand über die bloße Sprachübung hinausging und von wirklichen Problemen erzählte, fand sich immer eine Lehrerin, die ein offenes Ohr hatte, weil sie alle wussten, wie sehr wir uns mit der Sprache und der Kultur abmühten. Unsere Übungsdialoge endeten meist mit einem positiven »Für jedes Problem gibt es eine Lösung, wenn man nur fest daran glaubt«-Unterton und auch die Lieder, die wir lernten, hatten fast alle ein »Ich habe einen Traum, an den ich glaube« oder ein »Auf uns wartet eine strahlende Zukunft« im Refrain.

Fast alle von uns investierten viel Zeit und Geld in den Sprachunterricht, arbeiteten nebenher in mehr oder weniger gut bezahlten, meist nervenaufreibenden Jobs, lebten in oft unmöglichen Behausungen, hatten die eine oder andere kulturelle Anpassungsschwierigkeit und den einen oder anderen Liebeskummer. Wir alle lechzten nach der verständnisvollen, gut gelaunten Ewha-»Ihr-könnt-es-alle-schaffen«-Mentalität und deswegen waren uns die hohen Studiengebühren jedes Semester jeden einzelnen koreanischen Won wert.

Nonstop in der Bibliothek – Studentenleben in Korea

Die Ewha-Universität ist seit ihrer Gründung im Jahr 1866 eine reine Frauenuniversität und nennt sich stur grammatikalisch inkorrekt »Ewha Woman's University«. Das koreanische Bildungssystem ähnelt in vielerlei Hinsicht dem amerikanischen: eine universitäre Hierarchie, die von Universitäten mit schlechtem Ruf bis zu Eliteuniversitäten reicht, nebeneinander existierende koedukative Bildungseinrichtungen und getrennt geschlechtliche Schulen, Gruppenaktivitäten in Clubs und Studentenverbindungen, groß inszenierte Absolventenfeiern.

Die Ewha-Universität gilt als Bildungsanstalt für höhere Töchter und als eine der angesehensten Hochschulen Seouls. Da sie eine reine Frauenuniversität ist, ist auch das Viertel um den Ewha-Campus herum ganz auf weibliche Bedürfnisse ausgerichtet. Es gibt unzählige Friseure, Läden, in denen man billige modische Kleidung und Accessoires findet, Cafés und Restaurants, deren Einrichtung oft so blumig-rosa gestaltet ist, dass sich kein Mann hineinwagen würde. Wochentags tummeln sich dort Gruppen von jungen Frauen, essen, trinken Kaffee, lernen zusammen, schwatzen fröhlich vor sich hin, beobachten andere Mädchen, die vorbeikommen, analysieren deren Kleidung, Frisur und eventuelle körperliche Mängel und lästern ausgiebig.

Der fünfminütige Fußweg von der U-Bahn-Station zur Ewha führt an Schuhgeschäften, Sandwichständen, Kosmetikläden und Schnellimbissen vorbei. Fast jeden Tag werden auf der Straße kostenlose Proben oder Werbegeschenke verteilt. Manchmal gibt es den englischsprachigen ›Korea Herald‹ mit einem koreanischsprachigen Magazin für Studenten, manchmal gibt es Modezeitschriften – wie die koreanische Ausgabe von ›Cosmopolitan‹ – umsonst. Vor den Cafés stehen oft – auch bei eisiger Kälte – Mitarbeiter im Freien, die winzige Probebecher mit Tee oder Kaffee ausgeben und versuchen, Kunden in ihr Lokal zu locken. Mit einer ähnlichen Methode versuchen die lauten, schrillen Promoterinnen vor den Kosmetikläden, den Umsatz zu verbessern. Die Promoterinnen tragen knappe Kostümchen in knalligen Farben und kreischen irgendeinen Werbeslogan ins Mikrophon. Zur Unterstützung dröhnt manchmal koreanische Popmusik aus einem Lautsprecher. Die Promoterinnen geben jedem Kosmetikproben, der den Laden betritt – egal ob er dann wirklich etwas kauft oder nicht. In der Regel geht die Strategie auf. Die meisten erwerben zumindest eine Kleinigkeit. Die Studentinnen der Ewha sind als Konsumentinnen gefragt. Sie sind als ausgehfreudig und kauflustig bekannt.

Der Großteil der koreanischen Studentinnen lebt noch bei den Eltern. Studentinnen, deren Elternhaus zu weit entfernt liegt, ziehen aber oft mit ausländischen Kommilitoninnen zusammen ins Studentenwohnheim oder in eine Studentenpension. Die Pensionen werden von meist alternden Zimmerwirtinnen geführt, die Ajumma genannt werden.

Ajumma bedeutet eigentlich »Tante« und ist eine Respektsbezeichnung für verheiratete Frauen. Heute wird der Begriff eher abwertend verwendet und gilt als Synonym für Unkultiviertheit. Eine Ajumma ist in der Regel eine resolute Dame mittleren oder nicht mehr genau definierbaren Alters, die eine unmodische kurze Dauerwellenfrisur trägt und meist leicht übergewichtig ist. Viele Ajummas sind begeisterte Anhängerinnen des Permanent-Make-ups und lassen sich die Augenbrauen zu tiefschwarzen Balken tätowieren – was ihnen oft einen derart gehässig finsteren Gesichtsausdruck gibt, dass man fast Angst vor ihnen bekommt. In ihrer Pension ist die Ajumma die Königin, die in der Küche residiert. Zwei Mal am Tag serviert sie selbst gekochte Mahlzeiten. Den Rest des Tages ist sie mit Saubermachen, Hausverwaltung und der Überwachung ihrer Mieter beschäftigt. Wenn die Ajumma nichts anderes zu tun hat, sitzt sie in der Küche und beobachtet, wer ein und aus geht. Sie weiß, ob und wann ihre Mieter zum Unterricht gegangen sind, wer regelmäßig verschläft, wer abends lange ausbleibt, wer oft Besuch bekommt, und sie weiß natürlich auch, welche Besucher häufig erscheinen. Es hat keinen Zweck, etwas vor der Ajumma verheimlichen zu wollen. Sie findet es sowieso heraus – und kommentiert ihre Beobachtungen mit derbem Humor oft recht uncharmant, aber meist treffend pointiert.

Die permanente Präsenz der Ajumma ist schon Grund genug, in den Unterricht zu gehen und nicht den ganzen Tag zu verschlafen. Die meisten Ewha-Studentinnen lernen nach dem Unterricht und dem Mittagessen in der Mensa noch mehrere Stunden in der Bibliothek.

Wenn ich mich auf Sprachprüfungen vorbereiten musste, ging ich wie die koreanischen Studentinnen zum Lernen in die Bibliothek. Zu Hause schlief ich meistens ein oder sah mir amerikanische Serien oder ›America's Next Topmodel‹ an, die im koreanischen Fernsehen in Endloswiederholungen liefen. In der Bibliothek hatte ich keine Ablenkung – keinen Fernseher, keine Ajumma und keine Mitbewohner, die mich stören konnten. Im Lesesaal der Ewha-Bibliothek war ich immer die einzige Ausländerin. Die koreanischen Studentinnen schienen Angst vor mir zu haben, denn niemand wagte es jemals, neben mir zu sitzen. Ich hatte einen riesigen Tisch für mich alleine, auf dem ich meine Bücher, Papiere und Wortkarten ausbreiten konnte. Von dort aus konnte ich auch die koreanischen Studentinnen in aller Ruhe beobachten.

In Berlin war ich eine fleißige Nutzerin der Staatsbibliothek am Potsdamer Platz gewesen und war eigentlich mit Bibliotheksverhaltensregeln vertraut. Da in Korea aber nahezu alle gesellschaftlichen Regeln, die ich aus Deutschland gewöhnt war, nichts gelten, hielt ich nichts mehr für selbstverständlich. Ich beobachtete die Ewha-Studentinnen und versuchte, dadurch den Verhaltenskodex zu erraten.

Zu meiner größten Überraschung stellte ich fest, dass das Bibliotheksleben an der Ewha wesentlich weniger streng war, als ich angenommen hatte. Manche Studentinnen, die viel Zeit in der Bibliothek verbrachten, hatten sich dort bereits häuslich eingerichtet. Sie trugen Jogginganzüge und Hausschuhe und machten es sich in jeder Hinsicht bequem. Viele hatten kleine Decken und Kissen dabei, damit sie gegen Mittag, in den späten Abendstunden oder wann auch immer die Müdigkeit sie überfiel, ein Schläfchen halten konnten. Die Lesesäle der Bibliothek sind jeden Tag vierundzwanzig Stunden geöffnet. Manche Studentinnen, die sich auf wichtige Prüfungen vorbereiten mussten, für eine wissenschaftliche Arbeit recherchierten oder eine Projektarbeit kurzfristig fertigstellen mussten, gingen tagelang nicht nach Hause.

Die Ewha-Bibliothek ist auf Dauergäste eingestellt. Es gibt ein Café, Wasserspender, unzählige Getränkeautomaten und Mikrowellen, in denen man sich sein mitgebrachtes Essen aufwärmen kann. In einem kleinen Laden kann man alles kaufen, was man zum Überleben benötigt: Snacks, Fertiggerichte für die Mikrowelle, Kosmetik, Zahnpasta und Zahnbürsten ... Einmal beobachtete ich eine Studentin, die sich im Lesesaal die Zähne putzte. Während des Bürstens las sie weiter in ihrem Lehrbuch. Nach einigen Minuten sprang sie auf und rannte zum Ausspülen zum Waschbecken.

Gegen Abend machten sich die Studentinnen, die nicht vorhatten, die Nacht in der Bibliothek zu verbringen, für ihre Verabredungen zurecht. Im Lesesaal zogen sie kleine Schminkbeutel aus ihren Taschen und widmeten sich hingebungsvoll ihrem Make-up. Gegen 20 Uhr verließen sie perfekt gestylt den Lesesaal, um Freunde zum Abendessen zu treffen, zu einem geheimen Date, zum Tanzen oder zum Karaoke zu gehen. Für diejenigen, die traurig und übermüdet zurückblieben, war es nahezu unvorstellbar, dass nur wenige hundert Meter entfernt Menschen tranken und sangen und lachten. Besonders an Freitagabenden konnte ich den Missmut spüren und war mir sicher, dass ich nicht die Einzige war, die es unerträglich fand, gleichzeitig jung und vergnügungssüchtig, todmüde und überfordert zu sein.

Vielleicht war das aber auch nur meine Interpretation. Aus Berlin war ich ein relativ stressfreies Studentenleben gewöhnt und empfand die koreanischen Lehr- und Lernmethoden als sehr anstrengend. Meine koreanischen Kommilitoninnen dagegen hielten ihre Studienzeit für die beste Zeit in ihrem Leben. Wahrscheinlich hatten sie Schlimmeres hinter sich und ahnten schon, was mit dem Eintritt ins Berufsleben auf sie zukommen würde.

Koreanische Schüler müssen vor der Aufnahme an eine Universität eine Zugangsprüfung bestehen, deren Schwierigkeitsgrad für einen Nicht-Koreaner unvorstellbar ist. Schüler, die sich darauf vorbereiten, schlafen aus Zeitmangel nur vier Stunden pro Nacht und hören nicht einmal während des Essens auf zu lernen. Meist bringt die Mutter in regelmäßigen Abständen Essen an den Schreibtisch, während die Unglücklichen ununterbrochen weiterlernen. Zeitungen veröffentlichen Verhaltensrichtlinien für die Prüfungen. So werden beispielsweise Schülerinnen aufgefordert, kein Parfum und keine hochhackigen Schuhe zu tragen, weil sie damit männliche Mitschüler ablenken könnten. An den Abenden vor den Prüfungen schließen viele Vergnügungs- und Sporteinrichtungen wie Tennisclubs früh, um die Schüler nicht vom Lernen abzuhalten. Am Prüfungstag ist Seoul in einem Ausnahmezustand. Der Großteil der Angestellten geht eine Stunde später ins Büro, damit die

Busse und U-Bahnen frei sind für die Prüflinge und damit die Eltern ihre Kinder begleiten können.

Viele erwachsene Koreaner, die sich noch gut an den Stress ihrer Schultage erinnern, versuchen, die Prüflinge mit aufmunternden Worten zu unterstützen. Diese können jede Unterstützung gebrauchen, denn mit der Hochschulzugangsprüfung ist ein enormer Druck verbunden. Von dem Ergebnis hängt ab, an welcher Universität man angenommen wird. Das meiste Prestige haben die sogenannten SKY-Universitäten – die Seoul-Universität, die Korea-Universität und die Yonsei-Universität. Wer an einer dieser drei angenommen wurde, braucht sich über seinen späteren Werdegang keine Sorgen mehr zu machen.

Mit der Immatrikulation erhalten die Studenten Zugang zu akademischen Seilschaften und die Möglichkeit, Kontakte zu knüpfen, die später bei der Arbeitssuche von unschätzbarem Wert sein können. Ein Großteil der politischen Elite Südkoreas besteht aus Absolventen der SKY-Universitäten. Ähnlich wie die Absolventen der »Grandes Ecoles« in Frankreich sind die SKY-Absolventen in der Politik, der Wirtschaft und im Kulturleben Südkoreas tonangebend.

Kein Wunder also, dass ehrgeizige koreanische Eltern ihre Kinder zum Lernen antreiben und sich wünschen, dass ihre Sprösslinge eine der drei Elitehochschulen besuchen – oder zumindest eine Universität wie die Ewha, die zu den zehn Besten des Landes gehört.

Diese Prüfungshölle geht an vielen nicht spurlos vorüber. Das sture Pauken für Tests, in denen ausschließlich Fakten abgefragt werden, verleidet vielen Koreanern ihre Teenagerjahre. Einige wenige rebellieren offen und stürzen, statt zu lernen, Abend für Abend in einer der unzähligen Bars ab. Die meisten beugen sich dem Druck, weil ihnen permanent suggeriert wird, dass ihr Leben keinen Sinn mehr macht, wenn sie nicht an einer guten Universität unterkommen. Eine nicht unerhebliche Zahl junger Koreaner nimmt die angedrohten düsteren

Zukunftsperspektiven wörtlich. Versagensängste enden in manchen Fällen im Selbstmord.

Für diejenigen, die sich stoisch durch die Prüfungszeit hindurchgebissen haben, beginnt mit dem Eintritt in die Universität eine neue Lebensphase. – Eine Lebensphase, in der trotz langer Tage in der Bibliothek auch feuchtfröhliche Feiern der Studentenverbindungen, Blind Dates und ein kleines bisschen Freiheit möglich sind.

Blind Date als Volkssport

Manchmal lassen sich durch banale Hollywood-Komödien ungeahnte Erkenntnisse gewinnen. Ich sah mit Joe ›50 erste Dates‹ auf DVD an – ein lustiger, aber keineswegs außergewöhnlicher Film mit Drew Barrymore und Adam Sandler. In einer Szene spricht Henry Lucy an, als sie in einem Café frühstückt. »Genau deswegen habt ihr es im Westen leichter«, sagte Joe.

»Wie meinst du das?« Die gedankliche Verbindung war mir unklar.

»Ihr könnt einfach jemanden, an dem ihr interessiert seid, in einem Café ansprechen. Wir können das nicht. In Korea läuft alles über diese blöden Blind Dates.«

Meine Neugier war geweckt. »Wieso? Sind Blind Dates langweilig?« Ich war noch nie auf einem gewesen und konnte mir schwer vorstellen, wie so etwas ablief.

»Normalerweise wird der Kontakt über Freunde hergestellt, die Verabredungen arrangieren, wenn sie denken, es passt. Manchmal habe ich auch meine Freunde gefragt, ob sie nicht ein Mädchen kennen, das sie mir vorstellen könnten.«

»Warst du auf vielen Blind Dates?« Ich war gleichzeitig interessiert und pikiert – interessiert, weil ich merkte, dass ich einem mir bisher unbekannten kulturellen Phänomen auf der Spur war, pikiert, weil ich nicht sicher war, ob ich wirklich so viel über Joes Damenbekanntschaften hören wollte.

»Ab und zu – in dem Jahr, bevor ich dich kennengelernt habe.«

»Wie läuft das ab?«

»Wie soll das schon ablaufen. Man trifft sich irgendwo. Oft in italienischen Restaurants, weil das gerade in ist. Das Restaurant sollte einigermaßen schick sein, nicht zu billig, nicht zu romantisch, weil es ja die erste Verabredung ist. Zuerst stellt man sich vor. Man sagt, wie alt man ist, auf welche Schulen und Unis man gegangen ist. Dann spricht man über gemeinsame Freunde und wenn man Glück hat, findet man danach irgendein Thema, über das man sich unterhalten kann. Wir nennen Blind Dates ›Sogaeting‹. Sogae bedeutet ›sich vorstellen‹ und -ting kommt von ›Meeting‹.«

»Meeting? Wie ein Geschäftstreffen?«

»Nein. Wir nennen auch Gruppenverabredungen ›Meeting‹. Also wenn sich zum Beispiel vier Jungs und vier Mädchen, zusammen zu einem Blind Date treffen.«

Ich erinnerte mich, dass ich in einem koreanischen Film so ein »Meeting« gesehen hatte – nur kannte ich damals die Bezeichnung noch nicht. In dem Film wurden per Los Paare gebildet, die dann ein bisschen Zeit alleine verbringen konnten. Ich fragte Joe, ob das stimmte.

»Ja, manchmal macht man das so. Manchmal bleibt man aber auch den ganzen Abend in der Gruppe.«

»Was war das schlimmste Meeting oder Sogaeting, das du jemals hattest?«

»Einmal hatte ich eine Verabredung mit einem Mädchen, das den ganzen Abend nur von seinem Make-up sprach. So eine dumme Gans! Sie erzählte mir, welche Produkte sie am liebsten benutzte und ich konnte den ganzen Abend nur gelangweilt nicken und warten, bis sie nach Hause gehen wollte.«

Ich lachte.

»Danach habe ich mir geschworen, nie wieder auf ein Blind Date zu gehen. Das ist reine Geld- und Zeitverschwendung. In Korea sind Blind Dates für Männer immer ein schlechtes Geschäft. Wir teilen ja nie die Rechnung, die Mädchen lassen sich einladen. Am Ende des Abends begleicht man dann eine hohe Rechnung und das Mädchen sieht man meist sowieso kein zweites Mal.«

Ich fand Joes Analyse der koreanischen Blind-Date-Kultur logisch, aber auch auf eine verstörende Weise geschäftsmäßig berechnend. Ein paar Tage später fragte ich meine kanadische Mitbewohnerin Sheila, ob sie schon einmal auf einem Blind Date gewesen war.

»Nein. Aber meine koreanischen Freundinnen raten mir immer, es einmal auszuprobieren. Sie sagen, selbst wenn es langweilig ist, bekommt man zumindest ein kostenloses Abendessen.« Das bestätigte Joes These – offenbar waren Blind Dates in Korea wirklich ein Geschäft, für die Männer ein schlechtes, für die Mädchen ein gutes. »Aber koreanische Männer interessieren mich sowieso nicht mehr«, fuhr Sheila fort, »das muss ich mir nicht noch einmal antun.« Sheila hatte in Japan studiert, ging dann aber sowohl wegen ihrer wissenschaftlichen Arbeit als auch wegen ihres damaligen koreanischen Freundes nach Seoul. Kurz nach ihrer Ankunft trennte sich ihr Freund von ihr, weil ihm seine Mutter – ohne Sheila auch nur zu kennen – verbot, weiterhin »eine schmutzige Ausländerin« zu treffen. Seitdem war Sheila nicht allzu gut auf koreanische Männer und deren Mütter zu sprechen.

Blind Dates sind in Korea nicht nur ein Geschäft, sondern auch eine Art Volkssport – das fand ich heraus, als ich eines Abends mit Joe in einem schicken italienischen Restaurant saß. Ich erzählte ihm eine komplizierte Geschichte, der er anscheinend schon länger nicht mehr folgte, denn er lachte und grinste an Stellen, die überhaupt nicht komisch waren.

»Hörst du mir überhaupt noch zu?«, fragte ich ihn.

»Stör mich jetzt nicht. Es ist gerade so lustig.« Offenbar verfolgte er die Unterhaltung am Nebentisch. Ich drehte mich um und sah einen nicht gerade attraktiven jungen Koreaner mit einer deutlich besser aussehenden jungen Dame beim Abendessen. Der junge Mann überschüttete sie mit einem Wortschwall, während sie nur einsilbig antwortete. »Sieh jetzt nicht hin, sonst merken sie noch, dass ich zuhöre,« sagte Joe.

»Über was reden sie denn?«

»Erzähle ich dir später.«

Wir beendeten unser Abendessen schweigsam, während Joe sich still amüsierte. Als wir das Restaurant verließen, konnte Joe nicht länger an sich halten und lachte laut los: »So ein Idiot! Ich habe noch nie jemanden erlebt, der so schlecht darin ist.«

»Schlecht worin?«

»Na, in Blind Dates.« Ich kannte zwar Menschen, die schlecht in Mathematik oder schlecht in Sport waren, aber von jemandem, der »schlecht in Blind Dates« war, hatte ich noch nicht gehört.

»Wie kann man denn schlecht in Blind Dates sein?«

»Wie der Typ schon aussah! Und dann hat er ihr auch noch erzählt, dass er sich so viele Gedanken über sein Outfit gemacht hat. Er hat sich drei Mal umgezogen und hat seine Mutter und seine Großmutter um Rat gefragt. So etwas erzählt man doch nicht auf einem Blind Date!«

Offenbar gibt es feste Spielregeln, an die man sich zu halten hat, sonst wird man disqualifiziert – wie bei jedem anderen Sport. Ich hatte den Eindruck, dass Blind Dates neben Fußball, Baseball und Taekwondo – den anderen Lieblingssportarten der Koreaner – ein wichtiger Bestandteil der Gesellschaft sind.

Auch an der Ewha-Universität hielt man offenbar das gesellschaftliche Phänomen der Blind Dates für so bedeutend, dass es zum Gegenstand unserer Sprachausbildung wurde. Eigentlich sollten wir im Unterricht Personenbeschreibungen üben und dabei möglichst viele Adjektive für äußerliche Merkmale und Charaktereigenschaften benutzen. Wir machten eine Übung, in der ein Dialogpartner den anderen bat, ein Blind Date für ihn zu arrangieren. Die Lehrerin fragte, wer schon einmal auf einem Blind Date gewesen war. Alle Japanerinnen meldeten sich. Kein westlicher Ausländer hob die Hand.

Einige der japanischen Sprachschülerinnen kamen nur ins Land, um koreanische Männer kennenzulernen. Viele koreanische Schauspieler sind aufgrund von Filmen und Seifenopern, die in mehreren asiatischen Ländern ausgestrahlt werden, panasiatische Superstars. Diese schönen Männer aus dem Fernsehen prägen das Image der koreanischen Männer im asiatischen Ausland so stark, dass sie zu den begehrenswertesten Junggesellen Asiens avancierten. Manche japanische Austauschstudentin war aber ziemlich enttäuscht, wenn sie vor Ort die Diskrepanz zwischen Fernsehen und Realität entdecken musste.

Die Unterrichtsstunde über Blind Dates gehörte sicher zu den vergnüglichsten Lektionen des Ewha-Sprachprogramms. Ich musste Sätze sagen wie: »Ich möchte dir einen Freund vorstellen. Er ist extrovertiert und gesellig – und er sieht sehr gut aus. Er ist groß und schlank und hat hellbraune Haare und blaue Augen. Er hat ein bisschen Ähnlichkeit mit Leonardo Di Caprio.« Der Vergleich mit einem Hollywoodstar war unumgänglich, denn Koreaner lieben es, Ausländer mit Hollywoodstars zu vergleichen – auch wenn die Ähnlichkeit nicht groß und in manchen Fällen gar nicht vorhanden ist.

Die Sprachübung über Blind Dates klang zwar etwas lächerlich, war aber in der Realität durchaus anwendbar. Ich wurde ab und zu von Koreanerinnen gefragt, ob ich ihnen nicht einen meiner ausländischen Freunde oder einen koreanischen Freund von Joe vorstellen könnte. Die Studentinnen der Ewha-Universität haben den Ruf, die höchste Frequenz an Blind Dates aller koreanischer Studentinnen zu haben. Vielleicht liegt die Ausgehbereitschaft der Ewha-Studentinnen daran, dass sie sich in dem weiblichen Universum des Ewha-Campus langweilen und außerhalb der Vorlesungen Kontakt zu Männern suchen. Die fleißige Partnersuche lohnt sich offenbar, denn die Universität wirbt damit, dass kurze Zeit nach dem Studienabschluss 95 Prozent der Absolventinnen verheiratet sind. So fragwürdig diese Werbung für eine Universität sein mag, so sehr unterstreicht diese Zahl dennoch, wie wichtig es in der koreanischen Gesellschaft ist, möglichst bald zu heiraten.

Der Druck auf Singles Ende zwanzig ist hoch – und der Druck verstärkt sich mit jedem zusätzlichen Lebensjahr. Ein Geburtstag ist kein freudiges Ereignis mehr, wenn man weiß, dass man nicht nur Geschenke, sondern auch die ewig gleiche Litanei der Eltern zu erwarten hat, die unmissverständlich klarmachen, dass sie mit einer baldigen Hochzeit rechnen. Neben Sogaeting und Meeting gibt es in Korea noch eine dritte Form des Blind Dates: das Blind Date mit Heiratsabsicht. Diese Verabredungen werden in der Regel von Eltern arrangiert, die langsam die Geduld mit ihrem Nachwuchs verlieren. Zunächst wird im Freundeskreis versucht, ungefähr gleichaltrige Söhne und Töchter zu verkuppeln. Erweist sich diese Suche als erfolglos, schalten die Eltern manchmal professionelle Heiratsvermittler ein.

Bei Blind Dates mit Heiratsabsicht wird das unverfängliche Geplänkel schnell konkret. Wer sich darauf eingelassen hat, steht bereits unter so großem familiären Druck, dass es schon längst nicht mehr darum geht, den Traummann oder die Traumfrau zu finden, sondern einen akzeptablen Partner, der einen stabilen finanziellen Hintergrund und die baldige Aussicht auf Nachwuchs garantieren kann. Der ideale Ablaufplan dieser Verkupplungsaktionen sieht die Verlobung zirka drei Monate nach der ersten Verabredung und die Hochzeit rund ein Jahr nach dem ersten Treffen vor. Den ersten Hochzeitstag sollte das junge Paar dann möglichst schon zusammen mit einem gemeinsamen Kind feiern.

Vor allem Eltern einer Tochter über dreißig versuchen alles, um ihr Kind schnellstmöglich unter die Haube zu bringen. Wie weit koreanische Eltern zu gehen bereit sind, erfuhr ich von einer deutschen Freundin, die an einem Austauschprogramm zwischen der TU Berlin und der Universität von Busan teilgenommen hatte. Als sie auf dem Rückweg nach Berlin ein paar Tage in Seoul Station machte, traf ich sie in einer indisch inspirierten Bar im Künstler- und Studentenviertel Hongdae. Irgendwann im Laufe des Abends erzählte sie mir die Geschichte eines TU-Studenten aus Berlin, der das gleiche Austauschprogramm ein Jahr vor ihr absolviert hatte.

Besagter Student hatte eine koreanische Freundin, mit der er – als sie in Berlin studierte – zusammenlebte. Das junge Paar kam im Sommer für zwei Wochen nach Busan, um die Familie zu besuchen. Der junge Deutsche sollte zum ersten Mal der Familie seiner Freundin begegnen und war verständlicherweise nervös. Als er in Busan ankam, wusste er allerdings noch nicht, was auf ihn zukam. Die Familie seiner Freundin hatte bereits eine Hochzeitsfeier vorbereitet, die Einladungen waren verschickt und das junge Paar wurde vor vollendete Tatsachen gestellt. Obwohl vorher von Hochzeit nie die Rede gewesen war, setzten die Eltern ihre Tochter und den potenziellen Schwiegersohn so massiv unter Druck, dass Widerstand zwecklos war. Da der junge Mann der koreanischen Sprache nicht mächtig war, wusste er auch nicht so recht, was um ihn herum geschah und fühlte sich auf seiner eigenen Hochzeit wie eine ferngesteuerte Marionette.

»Zwangshochzeiten« wie diese sind im heutigen Korea eigentlich nicht mehr üblich. Wenn konservative koreanische Eltern jedoch die Chance auf eine Eheschließung wittern, können unorthodoxe Methoden durchaus zum Einsatz kommen. In diesem Fall war die Braut einunddreißig Jahre alt. Da sie in Berlin mit ihrem deutschen Freund unverheiratet zusammengelebt hatte – was in Korea immer noch als sehr verrucht gilt, hatte sie sich in den Augen ihrer Eltern bereits so weit »entehrt«, dass sie auf dem koreanischen Heiratsmarkt ohnehin nicht mehr vermittelbar gewesen wäre. Das Alter der Tochter und ihre Beziehung zu einem Nicht-Koreaner hatten die Aussichten auf einen koreanischen Ehemann zunichte gemacht und so musste eben ein deutscher Bräutigam genügen. Nach Ansicht der koreanischen Eltern hatte der junge Deutsche ihre Tochter in eine sozial inakzeptable Situation gebracht, also sollte er sie auch zu einer »ehrbaren« Frau machen.

Als ich die Geschichte zum ersten Mal hörte, war ich entsetzt, aber je mehr ich über Korea und koreanische Familienstrukturen erfuhr, desto besser verstand ich den Gedankengang dieses Elternpaars aus Busan – so dreist ihr Verhalten auch war. In Korea gibt es kein gesichertes Rentensystem, deshalb sind erwachsene Kinder für den Unterhalt ihrer Eltern verantwortlich und erwarten später von ihren eigenen Kindern das Gleiche. Wer sich gegen dieses System der familiären Altersversorgung auflehnt und für sich selbst diesbezüglich Freiheiten einfordert, muss in einem konservativen Elternhaus mit Konsequenzen rechnen – die in seltenen Fällen bis zur Zwangsverheiratung gehen.

Hochzeit im Akkord

Ich kam zwanzig Minuten zu früh in die Hochzeitshalle, die sich im Untergeschoss eines Hochhauses im Seouler Geschäftsviertel Gangnam befand. Dank einer groben Skizze, die mir als Wegbeschreibung diente, hatte ich den Weg schneller gefunden als gedacht. Die meisten Koreaner heiraten in riesigen blumengeschmückten Hallen, deren einzige Funktion es ist, Hochzeiten mit mehreren hundert Gästen Raum zu bieten. Trauungen auf dem Standesamt oder in Kirchen sind zwar prinzipiell möglich, aber unüblich.

Südkorea ist eines der wenigen asiatischen Länder, in denen das Christentum Fuß gefasst hat. Die christliche Religion ist im Straßenbild Seouls sehr präsent: unzählige Kirchen, deren rote Neonkreuze auch nachts bereits von weitem deutlich zu erkennen sind, Kreuzanhänger und Marienbildchen baumeln bei vielen jungen Koreanern an dünnen Ketten um den Hals oder als Glücksbringer an Autorückspiegeln, ältere Damen lesen in der U-Bahn die Bibel, aufdringliche Missionare sprechen auf der Straße Passanten an und versuchen, sie mit Methoden, die in Europa höchstens von militanten Sekten bekannt sind, in ihr Gemeindezentrum zu locken. 26 Prozent aller Koreaner sind Christen, weitere 26 Prozent sind Buddhisten, 1 Prozent bekennt sich zum Konfuzianismus und die restlichen 47 Prozent sind konfessionslos. Aufgrund dieses Mischverhältnisses sind gemischtkonfessionelle Hochzeiten häufig. Da viele nichtchristliche Koreaner von den aggressiven Straßenmissionaren eher abgeschreckt sind, kommt es selten vor, dass ein gemischtkonfessionelles Paar in einer christlichen Kirche heiratet.

Die erste koreanische Hochzeit, die ich miterlebte, fand einen Monat nach meiner Ankunft in Seoul statt. Joes ältere Schwester, die wie die ganze Familie katholisch ist, heiratete einen Buddhisten. Ich hatte Joes Schwester noch nicht kennengelernt, hatte keine offizielle Einladung bekommen und hielt es eigentlich für ziemlich unpassend, bei dieser Hochzeit zu erscheinen. Aus Deutschland kannte ich nur Hochzeiten im engeren Familien- und Freundeskreis. Wer weder Braut noch Bräutigam kennt, hat dort nichts zu suchen.

In Korea kommen meist mehrere hundert, oft über tausend Gäste zur Feier. Jeder, der von der Hochzeit erfährt und dem Brautpaar Glück wünschen möchte, kann kommen und ist auch erwünscht. Früher gingen Obdachlose oft zu Hochzeitsfeiern, weil sie dort umsonst essen konnten. Im heutigen Korea sind Hochzeiten vor allem ein Geschäft, wie ich später von Mr. Park, meinem Koreanischlehrer, erfuhr.

Eine Hochzeit mit mehreren hundert Gästen kostet umgerechnet zwischen 20000 und 40000 Euro. In Korea ist es unüblich, Haushalts- oder Einrichtungsgegenstände zu verschenken. Normalerweise gibt man am Eingang der Hochzeitshalle einen Umschlag mit Geld ab. Die meisten Gäste geben 50000 Won, umgerechnet etwa 50 Euro, Studenten ein bisschen weniger, sehr vermögende Gäste ein bisschen mehr.

Ein Verwandter zählt und verwaltet das Geld und notiert genau, wer wie viel gegeben hat. Wer bei der Hochzeit eines Freundes eine bestimmte Summe Geld gegeben hat, kann relativ sicher sein, dass er später bei der eigenen Hochzeit genauso viel zurückbekommen wird. Bei koreanischen Hochzeiten geht es vor allem ums Geben und Nehmen. Je mehr Gäste kommen, desto mehr Geld kann man einnehmen.

Viele Gäste bedeuten zudem ein hohes Prestige für den Gastgeber. Viele Freunde und Bekannte zu haben gilt als wichtig.

Das führt so weit, dass ab und zu im Internet Anzeigen auftauchen, in denen Hochzeitsgäste gesucht werden, manchmal auch Schauspieler, die Familienmitglieder darstellen sollen. Diese Jobs sind meist sehr gut bezahlt. Ausländer sind besonders gefragt, weil sie den Gastgebern ein kultiviertes, weltgewandtes Image verleihen.

Als ich auf die Hochzeit von Joes Schwester ging, wusste ich von alldem nichts. Ich war etwas nervös, weil ich mir den Ablauf der Feierlichkeiten nicht so recht vorstellen konnte. In den Büchern über Korea, die ich gelesen hatte, fand sich wenig zum Thema Hochzeit. Koreaner feiern mehrmals im Jahr Valentinstag, mögen Geschenke, die auf der feinen Linie zwischen »niedlich« und »Kitsch« balancieren und haben eine Vorstellung von Romantik, die im Wesentlichen von amerikanischen Filmen und Serien geprägt ist. Im Vergleich zu mir und meinem deutschen Pragmatismus schienen die meisten Koreaner, die ich kannte, um einiges romantischer zu sein. Ich nahm also an, dass koreanische Hochzeiten von Hollywoodfilmen inspirierte, bombastische Feste mit viel rosa Zuckerguss sein würden.

Lange hatte ich überlegt, was ich anziehen sollte. Ich hatte gelesen, dass schwarze oder dunkle Kleidung angemessen sei. Da in Deutschland nach Trauerkleidung aussehende Garderobe bei einer Hochzeit als unpassend gilt, zögerte ich und entschied mich schließlich für ein Kleid aus dünnem, schwarzem Stoff mit einem apricotfarbenen Unterkleid und einer apricotfarbenen Schleife um die Taille. Ich mochte das Kleid, weil es ein bisschen wie Audrey Hepburns in ›Frühstück bei Tiffany‹ aussah.

Da mir nicht klar war, dass man in Korea normalerweise nur Geldgeschenke macht, hatte ich kurz vor meiner Abreise aus Berlin in einem Antiquitätenladen am Kollwitzplatz eine kleine Lithographie gekauft. Sie stammte aus dem Jahr 1892 und zeigte das Brandenburger Tor. Aus Platzgründen konnte ich keinen Rahmen mitbringen. In meiner ersten Woche in

Seoul ging ich mit meiner Lithographie unter dem Arm in das Galerieviertel Insadong und suchte dort nach Rahmen und Passepartout. Ich fand einen Laden, der sich »Rodin« nannte – dem Besitzer war offenbar entgangen, dass Rodin-Skulpturen ohne Rahmen auskommen. Die drei jungen Koreaner, die dort arbeiteten, waren aber sehr professionell. Ich hatte gerade erst mit dem Koreanischunterricht angefangen und sprach entsprechend schlecht koreanisch. Ich legte die Lithographie auf den Tisch und sagte: »Ich habe ein Bild. Ich brauche einen Rahmen.« Der junge Koreaner, der sich meiner angenommen hatte, verkniff sich das Lachen und passte geschickt ein Passepartout an. Er sah sofort, dass zu der vergilbten Lithographie ein messingfarbener Rahmen am besten passen würde. Er bot mir drei zur Auswahl an. Ich nahm den schlichtesten, der mir besser gefiel als die verschnörkelten Varianten. Irgendwie verständigten wir uns darauf, dass ich die gerahmte Lithographie eine Woche später abholen konnte.

Das Bild war so schön, dass ich es am liebsten selbst behalten hätte. Letztendlich packte ich es aber doch in rotgoldenes Geschenkpapier ein, kaufte eine Glückwunschkarte und beriet mich mit einer koreanischen Freundin, was ich daraufschreiben sollte. Ich schrieb auf Koreanisch: »Ich hoffe, ihr werdet glücklich« – und fügte, weil die Karte so leer aussah, noch einen Gruß auf Englisch hinzu.

Als ich zwanzig Minuten zu früh mit meinem Geschenk in der Hochzeitshalle eintraf, wurde mir erst bewusst, dass ich die Einzige war, die mit solch einem Geschenk kam. Mir fiel auch auf, dass ich overdressed war. Es war November und schon ziemlich kalt. Die Männer trugen dunkle Anzüge, die Frauen dunkle Kostüme, die sie vermutlich auch zur Arbeit ins Büro anzogen, und darunter dünne Wollpullover. Joe stellte mich seiner Familie vor. Seine Mutter und seine älteren Schwestern hatten den Hanbok angelegt, die farbenfrohe koreanische Tracht.

Joe nahm mich mit in das Brautzimmer, in dem seine Schwester in einem pompösen Hochzeitskleid saß und für Fotos posierte. Die nach und nach ankommenden Gäste schauten bei der Braut vorbei und ließen sich mit ihr fotografieren. Wie oft Joes Schwester an diesem Tag in die Kamera lächeln musste, weiß ich nicht. Ich bewunderte ihre Engelsgeduld und ihre Contenance und überreichte ihr mein Geschenk, das dann in irgendeiner Ecke abgestellt wurde, weil niemand so recht wusste, was man damit anfangen sollte. Kurz darauf wurde ich wieder aus dem Zimmer herausgeschoben, weil sich bereits neue Gäste in das Brautzimmer hineindrängelten.

Joes Aufgabe war es, die Geldgeschenke zu verwalten und Gäste zu begrüßen. Er rannte hektisch hin und her. Als einzige Ausländerin war ich mehr oder weniger mir selbst überlassen. Nach einem Monat Koreanischunterricht erfasste ich nur einen Bruchteil dessen, was um mich herum gesprochen wurde. Die Verständigung war aber nicht das eigentliche Problem, denn es wollte sowieso niemand mit mir reden. Ich bemerkte nur, wie ich angestarrt wurde und wie über mich getuschelt wurde. Der Raum, in dem die Hochzeit von Joes Schwester stattfinden sollte, war noch von einem anderen Paar und der dazugehörigen Hochzeitsgesellschaft besetzt. Ich beschloss, mich dem Tratsch zu entziehen und zog mich auf die Damentoilette zurück. Irgendwann rief Joe mich auf meinem Handy an und sagte, zwei seiner Freunde seien eingetroffen und wollten mich sehen. Ich hatte die beiden einmal getroffen, konnte sie aber nicht leiden, weil sie permanent gehässige Bemerkungen über mich als Vegetarierin und rassistische Witze über chinesische Frauen gemacht hatten. Die Aussicht auf ein Wiedersehen begeisterte mich nicht. Widerwillig machte ich mich auf den Weg.

Joe sagte, ich sollte während der Zeremonie neben seinen Freunden sitzen. Die beiden begrüßten mich nicht unbedingt herzlich. Die Abneigung beruhte also auf Gegenseitigkeit und bis auf Joe war das vermutlich auch jedem aufgefallen. Wir nahmen unsere Plätze ein. Joes Freunde tuschelten auf Koreanisch und ließen mich links liegen. Die Zeremonie begann mit dem Hochzeitsmarsch – zumindest eine Sache, die deutsche und koreanische Hochzeiten gemeinsam haben. Zuerst betrat der Bräutigam den Raum. Dann wurde Joes Schwester von ihrem Vater hereingeführt. Da es keine kirchliche Trauung war, gab es keinen Altar, nur ein Rednerpodest, an dem ein Mann in einem eleganten dunklen Anzug wartete, den ich für einen Standesbeamten hielt. Später erfuhr ich, dass die Zeremonie von einem ehemaligen Lehrer, einem Vorgesetzten oder einem väterlichen Freund des Brautpaares durchgeführt wird. Eloquenz und ein würdevolles Aussehen genügen, um sich für die Rolle des Zeremonienmeisters zu qualifizieren. Da jeder erwachsene Koreaner die Zeremonie in einer Hochzeitshalle durchführen kann, ist sie rechtlich nicht bindend, sondern lediglich eine Show, die für Freunde und Verwandte aufgeführt wird.

Danach muss das Brautpaar die Eheschließung auf dem Standesamt in das Familienbuch eintragen und damit legalisieren lassen. Heutzutage lassen sich junge koreanische Paare mit diesem Verwaltungsakt Zeit. Da es aufgrund des gesellschaftlichen Drucks nahezu unmöglich ist, unverheiratet zusammenzuleben, probieren viele junge koreanische Paare nach der Hochzeit das Zusammenleben in Ruhe unverbindlich aus. Der pragmatische Gedanke, dass sich dadurch eventuelle Scheidungskosten einsparen lassen, klingt vielleicht zynisch, ist aber nur zu verständlich in einem Land, in dem die Scheidungsrate kontinuierlich ansteigt.

Bei der Hochzeit von Joes Schwester bekam ich von der eigentlichen Zeremonie nichts mit – was nicht nur an meinen mangelnden Sprachkenntnissen lag. Selbst wenn mein Koreanisch makellos gewesen wäre, hätte ich kein Wort verstanden. Joes Freunde neben mir unterhielten sich lautstark, telefonierten und schrieben SMS. Ich fragte mich, warum sie überhaupt gekommen waren, wenn sie sich so langweilten. Dann fiel mir auf, dass sie bei Weitem nicht die Einzigen waren, die lärmten. Die gesamte Hochzeitsgesellschaft brummelte vor sich hin, sodass höchstens Joes Familie in der ersten Reihe und die Familie des Bräutigams bei dieser Geräuschkulisse verstehen konnten, was der Zeremonienmeister und das Brautpaar sagten.

Die eigentliche Zeremonie dauerte nur wenige Minuten. Der offizielle Teil wurde noch ein wenig ausgedehnt. Das Brautpaar verbeugte sich erst vor den Eltern des Bräutigams und dann vor den Eltern der Braut. Anschließend wurden auf einer großen Leinwand Bilder des Brautpaars als Kinder und Heranwachsende gezeigt. Eigentlich hätte es ein anrührender Moment sein können, wäre die Emotionalität des Augenblicks nicht durch die schmalzige Musik vom Band und die Gewissheit, dass exakt die gleiche Prozedur an diesem Tag bereits für ein gutes Duzend anderer Paare durchgeführt worden war, zerstört worden.

Der offizielle Teil dauerte insgesamt zwanzig Minuten. Danach wurde vierzig Minuten lang fotografiert. Das Brautpaar – das Brautpaar mit den Eltern – das Brautpaar mit Eltern und Geschwistern – das Brautpaar mit den Freunden des Bräutigams – das Brautpaar mit den Freunden der Braut ... Das Fotografieren schien gar kein Ende mehr zu nehmen. Die Braut wurde auch dabei fotografiert, wie sie den Brautstrauß warf – eine gestellte Szene, die mehrfach für den Fotografen wiederholt wurde. Die Freundin, die als Nächste heiratet, muss den Brautstrauß fangen. Die anderen unverheirateten Freundinnen halten Abstand, damit sie nicht aus Versehen zugreifen. Wer den Brautstrauß fängt, muss innerhalb der nächsten sechs Monate heiraten, andernfalls wird die Frau bis zu ihrem Lebensende unverheiratet bleiben.

Nach der Fotosession wurden die Hochzeitsgäste in den Speisesaal im zehnten Stock des Hochhauses gescheucht. Die Halle im Untergeschoss musste schnell für die nächste Gesellschaft frei gemacht werden. Joes Schwester heiratete im

November 2006. Nach dem chinesischen Kalender, an dem sich auch die Koreaner orientieren, waren die letzten Monate des Jahres des Hundes angebrochen. In der chinesischen Astrologie werden dem Hund Eigenschaften wie Loyalität und Familiensinn zugesprochen – was das Jahr des Hundes zu einer günstigen Zeit für Eheschließungen macht, während das darauffolgende Jahr des Schweins Glück und Reichtum verspricht und damit als positives Vorzeichen für die Geburt eines Kindes gilt.

Da auch heute noch mehr Koreaner an diese Lehre der zwölf Tierkreiszeichen glauben, als es manche westliche Ausländer für möglich halten, herrschte Ende 2006 Hochkonjunktur in den koreanischen Hochzeitshallen. Zeremonie folgte auf Zeremonie. Es durfte keine Zeit verschwendet werden, damit der präzise getaktete Hochzeitsterminplan nicht durcheinanderkam.

Während die Gäste zum Essen geschickt werden, tauscht das Brautpaar die westliche Hochzeitsgarderobe gegen den traditionellen Hanbok ein und zieht sich mit den engsten Familienangehörigen in ein Extrazimmer zurück. Dort wird eine Zeremonie vollzogen, von der der Großteil der Hochzeitsgäste ausgeschlossen bleibt.

Ich musste mit Joes Freunden zum Essen gehen. Sie machten erneut abfällige Bemerkungen darüber, dass ich Vegetarierin war, kümmerten sich danach aber nicht weiter um mich, sondern widmeten sich dem Essen. Ich aß ein bisschen Salat, ein bisschen Reis und eingelegtes Gemüse – weswegen ich schneller fertig war als die anderen. Eigentlich wäre ich gerne nach Hause gegangen, aber ich hatte die Hoffnung noch nicht aufgegeben, dass nach dem Essen der eigentliche Höhepunkt der Feier stattfinden würde. Also blieb ich einfach sitzen und beobachtete die anderen Gäste beim Essen und das Küchenpersonal, das hektisch leere Teller abräumte, benutzte Pappbecher wegwarf, neue Getränke und neue Pappbecher brachte. Besondere Mühe gab sich das Personal nicht. An dem Platz, an dem ich saß, klebte noch eingetrockneter Reis, den ein Gast der vorherigen Hochzeitsgesellschaft fallen gelassen hatte. Vielleicht war gründliches Saubermachen aber auch zu viel verlangt bei dieser raschen Aufeinanderfolge von Hochzeiten.

Joe bekam ich während des Essens nicht zu Gesicht. Ich vermutete, dass er bei der traditionellen Hochzeitszeremonie präsent sein musste oder immer noch mit dem Geldzählen beschäftigt war. Als Joes Freunde nach dem Essen aufstanden, schloss ich mich ihnen an. Während sie auf den Ausgang des Gebäudes zusteuerten, wurde mir erst klar, dass die Hochzeitsfeier bereits beendet war. Sie fragten mich, ob ich Joe später noch sehen würde, was ich verneinte: »Ich habe keine Zeit. Ich muss lernen. Wir haben nächste Woche Prüfungen an der Uni.« Das war nicht einmal gelogen. Ich musste mich wirklich auf meine Prüfungen vorbereiten und ich wollte natürlich nicht zugeben, dass Joe mich vergessen hatte wie einen alten Regenschirm.

Joes Freunde begleiteten mich zur U-Bahn, verabschiedeten sich mit aufgesetzter Höflichkeit: »Hoffentlich sehen wir uns bald wieder.« Sicher waren sie genauso wenig wie ich an einem erneuten Zusammentreffen interessiert. Ich fuhr mit der U-Bahn zurück in das Univiertel Sinchon. In der Annahme, dass die Hochzeitsfeier den ganzen Tag dauern würde, hatte ich für den späten Nachmittag und Abend keine Verabredungen getroffen. Nach Hause gehen konnte ich nicht, weil meine Vermieterin in unserem Wohnzimmer Kimchi machte und das ganze Haus voll war mit Chinakohl in verschiedenen Verarbeitungszuständen.

Schließlich ging ich zu Starbucks und fing an, für meine Koreanischprüfung zu lernen. In meinem viel zu eleganten schwarzen Audrey-Hepburn-Kleid saß ich im Café, lernte Vokabeln und ab und zu schweiften meine Gedanken ab zu der Hochzeit im Akkord, die ich gerade miterlebt hatte.

Was ist ein Vegetarier?

Für Ausländer kann der erste Kontakt mit koreanischem Essen beinahe schmerzhaft sein: Ich verschluckte mich, trank ein Glas Wasser auf einen Zug aus und wischte mir die Tränen aus den Augen. Meine Zunge brannte und ich schnappte nach Luft. Ich hatte ein Gericht namens »Suicide Rice« gegessen, das so scharf ist wie der Name vermuten lässt.

In Ländern mit einer großen koreanischen Diaspora – wie Kanada, den USA oder auch Großbritannien – sind koreanische Restaurants relativ leicht zu finden. In Deutschland sind sie eine Rarität. Folglich hatte ich, bevor ich nach Korea kam, keinerlei Vorstellung von koreanischer Küche. Ich nahm an, koreanisches Essen würde chinesischem ähneln. Ich dachte, es würde scharfe und weniger scharfe Gerichte geben, viel Reis, viel Gemüse, wenig Fett. Ich hatte mich getäuscht. Bis auf ganz wenige Ausnahmen ist koreanisches Essen so scharf, dass es neu angekommenen Ausländern Tränen in die Augen treibt.

Die meisten gewöhnen sich mit der Zeit an die koreanische Küche – auch wenn die kulinarische Integration manchmal ein Magengeschwür nach sich zieht. Koreanische Kellner oder Gastgeber, die einem ausländischen Gast eine dampfende Schale mit einer chilischarfen roten Suppe vorsetzen, stellen die obligatorische Frage: »Ist das nicht zu scharf für Sie?« Eine Verneinung der Frage wird mit Begeisterung aufgenommen, und der Satz »Er/sie kann scharfe Gerichte essen« ist die höchste Anerkennung, die ein in Korea lebender Ausländer bekommen kann.

Für Koreaner hat Essen einen großen Stellenwert. Gerade weil die koreanische Küche bisher – im Vergleich zu chinesischer oder japanischer – wenig internationale Anerkennung bekommen hat, sind Koreaner normalerweise sehr geschmeichelt, wenn ein ausländischer Gast ihre Gerichte lobt. Dass Essen Geschmacks- und auch Gewöhnungssache ist, sehen viele ältere Koreaner nicht ein und empfinden einen achtlos dahingeworfenen, oft nicht einmal böse gemeinten Kommentar über die koreanische Küche als persönliche Beleidigung. Mit der Wertschätzung der eigenen Küche ist oft eine Abneigung gegen ausländisches Essen verbunden. Ältere Koreaner weigern sich, ausländische Gerichte zu essen und nehmen selbst bei Auslandsreisen einen ausreichenden Vorrat koreanischer Instantnudeln und das obligatorische Kimchi mit.

Kimchi ist fermentierter Chinakohl, der mit viel Chilipulver gewürzt wird – eine extrem scharfe Version des deutschen Sauerkrauts. Mehrfach musste ich im Koreanischunterricht in Form von Referaten oder Aufsätzen die Unterschiede zwischen Kimchi und Sauerkraut herausstellen. Die Zubereitung ist zwar ähnlich, doch der gesellschaftliche Stellenwert von Kimchi und Sauerkraut könnte unterschiedlicher nicht sein. Während Sauerkraut von den meisten Deutschen nur an besonderen Tagen oder nur in Kombination mit bestimmten Gerichten gegessen wird, gehört Kimchi für den Großteil der Koreaner zu jedem Essen – zum Frühstück, zum Mittagessen und zum Abendessen.

Sogar chinesische oder italienische Restaurants in Seoul haben sich an den Geschmack der koreanischen Klientel angepasst und servieren Kimchi als Nebengericht. Sogenannte Fusion-Restaurants, die koreanische und ausländische Küche verbinden und eine Mischung aus altbewährt und neu entdeckt anbieten, sind vor allem in Seoul sehr erfolgreich und stellen den wichtigsten Trend in der koreanischen Gastronomielandschaft dar.

Die meisten Deutschen kaufen Sauerkraut aus der Dose und haben nicht die geringste Ahnung, wie man es tatsächlich herstellt. In Korea dagegen ist jedes Jahr im Herbst Kimchisaison. Nahezu jede Familie bereitet an einem Wochenende im November ihr eigenes Kimchi zu. Da der Vorrat für ein ganzes Jahr ausreichen muss, werden in diesen Tagen Unmengen von Chinakohl verarbeitet.

In meinem ersten Herbst in Korea hatte ich von der Kimchisaison noch nichts gehört. Ich wohnte in einem möblierten Zimmer in einer Wohngemeinschaft mit einer Kanadierin und zwei Japanerinnen. Unsere Vermieterin war eine wohlhabende Dame um die sechzig, die sich nicht gerne die Hände schmutzig machte. Sie besaß mehrere Häuser, in denen sie Zimmer an Studenten vermietete. Ihr Lippenstift war immer genau auf den Nagellack abgestimmt und ihre Handtasche passte zu den Schuhen. Wir bekamen sie selten zu Gesicht. Meist kommunizierte sie mit uns nur über die Hausverwalterin, die einmal in der Woche kam, um sauberzumachen, nach dem Rechten zu sehen und die Miete zu kassieren. Umso größer war meine Überraschung, als ich an einem Morgen im November mein Zimmer verließ und unsere Vermieterin in unserem Wohnzimmer antraf, wo sie gerade geschnittenen Chinakohl mit Chilipulver mischte. Sie trug Jeans, eine alte Strickjacke und ein Kopftuch – und sah aus wie das Bauernmädchen aus dem Süden, das sie vielleicht vor vierzig Jahren wirklich gewesen war. Entschuldigend sagte sie, in ihren anderen Häusern gebe es keinen passenden Raum, und so war sie mit ihrer Tochter und den Hausverwalterinnen, die für sie arbeiteten, in unser Haus gekommen. An diesem Tag ging ich zu der Hochzeit von Joes Schwester und als ich abends nach Hause kam, roch unser Wohnzimmer penetrant nach Kohl und so roch es auch noch Wochen später. Ich vermutete, dass unsere Vermieterin in unserem Wohnzimmer Kimchi machte, weil sie den Kohlgeruch einfach nicht in ihrem eigenen Haus haben wollte.

So sehr Koreaner ihr Kimchi lieben, so ist ihnen dennoch der durchdringende Geruch bewusst. Koreanische Studenten, die im Ausland studieren und mit Nicht-Koreanern zusammenleben, machen sich oft durch die Aufbewahrung von Kimchi im gemeinsamen Kühlschrank unbeliebt. Jedes Mal, wenn man den Kühlschrank öffnet, schlägt einem der Kohlgeruch wie eine giftige Dunstwolke entgegen. In Korea wurde das Geruchsproblem durch die Erfindung des Kimchi-Kühlschranks gelöst. Die meisten koreanischen Familien besitzen einen geruchshemmenden Kühlschrank für Kimchi und einen Kühlschrank für andere Nahrungsmittel.

Ausländer halten Kimchi für gewöhnungsbedürftig und viele können auch nach mehreren Jahren in Korea dem extrem scharfen Chinakohl nichts abgewinnen. Ich gewöhnte mich schnell an das scharfe koreanische Essen. Ich aß Kimchi pur, Kimchisuppe, Kimchi mit Tofu, Kimchipfannkuchen … Als mich eines Tages unsere Hausverwalterin beim Zubereiten eines Kimchireisgerichts antraf, hielt sie meine Anpassung an die koreanische Esskultur für gelungen. Doch meine kulinarische Integration war nur oberflächlich, denn in Wirklichkeit stehe ich auf Kriegsfuß mit der koreanischen Küche.

Mein Hauptproblem mit koreanischem Essen betrifft den Fleischkonsum. Als ich zum ersten Mal nach Korea kam, war ich schon jahrelang Vegetarierin und war schockiert, als ich feststellte, dass die meisten Koreaner drei Mal am Tag Fleisch essen. An das koreanische Frühstück mit Reis, Fleisch, Kimchi und anderem eingelegten Gemüse können sich nur die wenigsten westlichen Ausländer gewöhnen.

Ich kommentierte koreanische Essgewohnheiten aber nicht und bestellte weiter mein Lieblingsgericht namens Bibimbap – Reis mit Gemüse und Chilisoße, wahlweise mit oder ohne Ei. Dass ich in bestimmten Restaurants gar nichts zu essen bekam und oft mehr oder weniger freundlich hinauskomplimentiert wurde, fand ich ärgerlich, aber mit der Zeit gewöhnte ich mich daran und lernte, in welchen Restaurants es sich von vorneherein nicht lohnte, nach vegetarischem Essen zu fragen.

Wenn ich beim Bestellen erklärte, dass ich weder Fleisch, Fisch noch Meeresfrüchte aß, fragten die Kellner oft entgeistert: »Auch keinen Schinken?« Ruhig antwortete ich: »Auch keinen Schinken«, fragte mich aber, wie jemand ernsthaft der Meinung sein konnte, Schinken sei kein Fleisch. Irgendwann begriff ich, dass viele koreanische Kellner einfach keine Ahnung hatten, was ein Vegetarier ist. Im Koreanischen gibt es ein Wort für Vegetarier, aber das Wort ist so lang und kompliziert, dass selbst mancher Koreaner mit guter Schulbildung die genaue Orthographie des Wortes nicht kennt, weil es im allgemeinen Sprachgebrauch wenig verwendet wird. Vegetarismus ist ein völlig unbekanntes Konzept. Außer einigen buddhistischen Mönchen, die im heutigen Korea nicht mehr zahlreich sind, gibt es in Korea nur eine Handvoll Vegetarier.

Wenn ich mein vegetarisches Essen bestellte, sagten viele Kellner vorwurfsvoll: »Aber das schmeckt doch nicht.« Ich antwortete trotzig: »Mir schon.« »Fleisch oder nicht Fleisch« war für mich in erster Linie eine private Entscheidung, die jeder für sich selbst treffen sollte. Die meisten Koreaner waren jedoch anderer Meinung. Das begriff ich erst, als es eines Tages im Streit aus Joe herausplatzte: »Meine Freunde hatten recht! Du bist schwierig und zickig!«

»Wie kommen deine Freunde darauf, dass ich schwierig und zickig bin?«, fragte ich. Es handelte sich um Freunde, die ich ein einziges Mal zum Abendessen getroffen hatte. Ich erinnerte mich an keinerlei Fehlverhalten meinerseits.

»Weil du Vegetarierin bist.«

Erst als er es ausgesprochen hatte, wurde mir das ganze Ausmaß des Problems klar. Für den Durchschnittskoreaner schließt ein Abend mit Freunden das Essen von Fleisch, das gemeinsam an einem Tischgrill zubereitet wird, und das Trinken von Unmengen von Schnaps mit ein. Wer sich dem entzieht und sein sprichwörtlich eigenes Süppchen kocht, gilt als ungesellig, egoistisch und nicht integrierbar. Dass Essverhalten in erster Linie eine persönliche Entscheidung ist, lassen die meisten Koreaner nicht gelten, denn in Korea gibt es keine persönlichen Entscheidungen, es gibt nur Gruppenentscheidungen, und wer nicht in der Lage ist, sich der Gruppe anzupassen, gilt automatisch als unerwünscht und störend.

Meine Mitbewohnerin Sheila aus Vancouver lebte seit drei Jahren in Korea und schrieb an der Sogang-Universität eine Arbeit über das Verhältnis von Japan und Korea nach dem Zweiten Weltkrieg. Abendessen mit ihren Professoren und ihren koreanischen Kommilitonen waren für sie oft unumgänglich. Da die Gruppe meistens entschied, in Barbecue-Restaurants gegrilltes Schweinefleisch zu essen, blieb ihr nichts anderes übrig als mitzugehen. Sie ekelte sich vor dem Schweinefleisch, das im Wesentlichen aus einer dicken Fettschicht bestand. Als ihre Professoren und ihre Kommilitonen beobachteten, dass sie nur Reis und Gemüse aß, fragten sie sie pikiert, ob sie Vegetarierin sei. Um der Häme ihrer Kommilitonen zu entgehen, nahm sie von da an mit ihren Essstäbchen ein Stück Fleisch vom Grill, legte es auf ihren Teller und deckte, wenn die anderen nicht hinsahen, eine Serviette darüber. Sie aß es nie, aber es hatte den Anschein, als würde sie Fleisch essen – womit sie sich zumindest der Form nach in die Gruppe integrierte.

Woher die Abneigung gegen Vegetarier kommt, ist nicht genau zu rekonstruieren. Eine Äußerung der französischen Schauspielerin und Tierschützerin Brigitte Bardot aus dem Jahr 2001 sorgte in Korea für derartigen Aufruhr, dass Brigitte Bardot heute noch die in Korea meistgehasste Person ist – und weil Brigitte Bardot Vegetarierin ist, hat der Skandal um sie zu dem schlechten Image der Vegetarier in Korea beigetragen. Brigitte Bardot hatte in einem Interview den Verzehr von Hundefleisch als »barbarische Unsitte« bezeichnet.

Etwa zehn Prozent aller Koreaner essen heutzutage Hundefleisch, das als potenzsteigernde Delikatesse gilt. Meist wird das Fleisch in einem Eintopfgericht namens Poshingtang serviert. Nach Medienberichten werden Hunde vor dem Schlachten gequält, weil die Adrenalinausschüttung die Qualität des Fleisches angeblich verbessern soll. Nachdem Brigitte Bardot diese Praxis recht undiplomatisch kritisiert hatte, wurde sie mit Drohbriefen und E-Mails aus Südkorea überschüttet.

Da Hundefleisch in Korea von einer Minderheit gegessen und von weiten Teilen der Bevölkerung abgelehnt wird, überrascht die Heftigkeit dieser Reaktion. Die Diskussion über Hundefleisch ist längst keine kulinarische Streitfrage mehr, sondern ein Politikum. »Es muss endlich Schluss damit sein, dass uns der Westen auch noch beim Essen die Regeln vorschreibt und uns als Barbaren verunglimpft«, schrieben koreanische Gastronomen an Brigitte Bardot und entlarvten damit ungewollt den Kern des Problems – denn es geht eigentlich um das angekratzte kollektive Selbstbewusstsein eines Landes, das sich im gesellschaftlichen Umbruch befindet.

Mit Koreanern über Hundefleisch zu diskutieren, hat keinen Sinn, denn diese Diskussionen enden immer im Streit – egal welche Position der ausländische Gast einnimmt. Selbst Ausländer, die sich öffentlich wesentlich diplomatischer als Brigitte Bardot und in manchen Fällen sogar positiv geäußert haben, mussten von der koreanischen Öffentlichkeit derart hasserfüllte Bemerkungen einstecken, dass sie es nie wieder wagten, zu diesen oder ähnlichen Fragen den Mund zu öffnen. Auch im privaten Kreis ist es nicht ratsam, das Thema anzuschneiden, denn für eine überwältigende Mehrheit der Koreaner ist Hundefleisch ein Reizthema.

Ärgerlicherweise fangen Koreaner oft im Gespräch mit westlichen Ausländern an, über Hundefleisch zu reden und versuchen, den ausländischen Gast zu provozieren. Es empfiehlt sich in jedem Fall kurz, aber bestimmt zu antworten und die Diskussion zu umgehen. Gerade weil die Streitfrage hochemotional diskutiert wird und mit anderen sensiblen Themen wie kulturelle Dominanz, Nationalismus, Tradition und Moderne verknüpft ist, lässt sich ein sachlich befriedigender Abschluss des Gesprächs ohnehin nicht erwarten.

Da die meisten Koreaner sehr viel Toleranz für die eigene Esskultur einfordern, für die Essgewohnheiten ausländischer Besucher aber wenig Verständnis haben, wird selbst ein Abendessen unter Freunden zum Spießrutenlauf – und nicht nur für Vegetarier. Auch Ausländer, die bestimmte religiöse Speisevorschriften einhalten, Allergiker, Diabetiker und alle, die eine Abneigung gegen irgendein bestimmtes Nahrungsmittel haben, werden in koreanischen Restaurants verzweifeln. Beim Essen nicht wählerisch zu sein, gilt in Korea als Tugend. Als Erklärung dienen oft die langen Jahre quälenden Hungers, den viele nach dem Koreakrieg litten und der einen wählerischen Umgang mit Essen unmöglich machte. Doch Südkorea ist nicht das einzige Land auf der Welt, in dem einmal Krieg und Hunger herrschten, aber eines der wenigen, in denen derart erbitterte Streitgespräche über Essen auf der Tagesordnung stehen.

Ausländern bleibt nur die Möglichkeit, stur an den eigenen Essgewohnheiten festzuhalten und gehässige Bemerkungen zu »überhören«. Einige wenige Koreaner, die selbst jahrelang im Ausland gelebt haben und das Gefühl kennen, fremd und andersartig zu sein, zeigen eher Verständnis. Zwei Mal wurde ich in buddhistische Restaurants zum vegetarischen Essen eingeladen, obwohl meine Gastgeber selbst vermutlich lieber Fleisch gegessen hätten. Einmal kochte die Mutter einer koreanischen Freundin ein fleischloses Glasnudelgericht für mich – und weil ich zu dieser Zeit schon an gehässige Bemerkungen und den zermürbenden Kampf am Esstisch gewöhnt war, freute ich mich über die Glasnudeln mit Gemüse mehr als über jedes Geschenk.

Mitbewohner und anderes Getier

»Hast du schon die Neuigkeiten über unser Haus gehört?«, fragte mich Sheila, kaum hatte ich einen Fuß in die Tür gesetzt. Es stellte sich heraus, dass unser Haus, ein altes und längst renovierungsbedürftiges Gebäude, innerhalb von zwei Wochen abgerissen werden sollte.

In Korea werden ständig alte Gebäude abgerissen und neue aufgebaut – und das in einer Geschwindigkeit, die gleichzeitig beeindruckend und erschreckend ist. Allerdings gibt es selbst in Korea Baubehörden, die vor Baubeginn konsultiert werden müssen. Unsere Vermieterin plante den Hausabriss und den Neubau vermutlich schon seit Monaten, informierte uns aber absichtlich erst so spät.

Unser Handlungsspielraum war eingeschränkt. Es war Mitte März, das neue Semester hatte gerade angefangen und alle guten Zimmer im Univiertel Sinchon waren vermietet. Sheila und ich hatten beide große, komfortable Zimmer, die relativ billig waren, und wahrscheinlich vermutete unsere Vermieterin, dass Sheila und ich als westliche Ausländerinnen mehr Geld hatten als die koreanischen und japanischen Studenten, die sonst bei ihr wohnten. Die Zimmer in ihren anderen Häusern, die sie uns zeigte, waren nämlich wesentlich teurer als unsere bisherigen. Eines hatte zwar ein eigenes Bad und eine eigene Kochecke, war aber sehr klein, spartanisch eingerichtet und nicht einmal richtig sauber. Eine Wäscheleine war über dem Bett aufgespannt und ich malte mir schon aus, wie ich im Bett sitzen würde – eine andere Sitzgelegenheit gab es nicht – und mir Wasser von der nassen Wäsche auf den Kopf tropfte.

Die anderen Häuser waren alle typische Studentenpensionen mit Ajummas, die auf die strenge Einhaltung der Hausregeln achteten. In den meisten Studentenpensionen müssen Besucher nach 22 Uhr das Haus verlassen. Theoretisch galt diese Regelung auch für unser altes Haus. Da wir aber alleine, ohne die permanente Präsenz einer Ajumma, lebten, herrschte bei uns ein reges Kommen und Gehen. Wir hatten alle Freiheiten, die wir auch in einer westlichen Großstadt-WG gehabt hätten, und waren nicht bereit, sie so schnell aufzugeben.

»Es kann doch nicht legal sein, dass sie uns erst zwei Wochen vor Abriss des Hauses Bescheid gibt«, sagte ich zu Sheila. Das Problem war nur, dass wir nie einen richtigen Mietvertrag unterschrieben hatten. Sich auf einen mündlichen Vertrag zu berufen, bringt in jedem Land Schwierigkeiten mit sich und so waren wir der Willkür ausgesetzt, unter der Ausländer in vielen Ländern der Welt leiden, die sich nicht mit Recht und Gesetz ihres Gastlandes auskennen.

Es blieb uns schließlich nichts anderes übrig, als stundenlang im Internet nach freien Wohnungen oder WG-Zimmern zu recherchieren und kreuz und quer durch die Stadt zu fahren, um Wohnungen anzuschauen. Einmal gingen wir zu einem Besichtigungstermin für Einzimmerwohnungen in der Nähe der Ewha-Universität. Das Haus lag gegenüber eines Etablissements, das verdächtig nach Strip Club aussah, und war so schmutzig, dass wir es eigentlich gar nicht betreten wollten. Aus Höflichkeit hielten wir trotzdem den vereinbarten Termin ein. Das schmuddelige Äußere des Hauses wurde vom Innenbereich noch bei Weitem übertroffen. Miss Kim, eine Angestellte der Hausverwaltung, führte uns über ein wackeliges Treppenhaus in den dritten Stock. Auf dem Flur lagen Knochen, die vermutlich von einem Hühnchen stammten, das einer der Hausbewohner gegessen hatte. Er fand es offenbar völlig normal, die Knochen nicht in die Mülltonne, sondern auf den Flur zu werfen. Die Wohnung, die wir besichtigten, war unmöbliert. So höflich wie möglich, bedankten wir uns bei Miss Kim und erklärten ihr, dass eine unmöblierte Wohnung für uns leider nicht in Frage kam.

In den zwei Wochen hetzten wir jeden Tag von Wohnungsbesichtigung zu Wohnungsbesichtigung. Wir sahen Teppiche mit riesigen Flecken, die aussahen, als ob in dem Zimmer ein Mord verübt worden sei, Klimaanlagen, die kurz vor der Implosion standen, Schimmel in den Zimmerecken und erschlagene Moskitos, die noch an den Wänden klebten. In einer Studentenpension empfing uns eine Ajumma, deren Gesicht durch ein misslungenes Lifting derart verzogen war, dass sie wie ein finsteres Wesen aus einem Horrorfilm aussah. Kaum waren wir wieder auf der Straße, sagte Sheila: »Ich könnte nie dort wohnen. Die Ajumma ist einfach zu gruselig.«

Die Tage vergingen. Der Hausabriss rückte näher und näher und wir hatten immer noch keine Unterkunft gefunden. Sheila entschied sich, bei einem Freund einzuziehen, der eine große Wohnung mit einem freien Gästezimmer hatte. Freundschaft hin oder her – er berechnete ihr denselben Preis, den sie für ein Zimmer in einer überteuerten Studentenpension bezahlt hätte, obwohl er selbst die Wohnung von seiner Firma kostenlos gestellt bekam. So dreist das Angebot auch sein mochte, sie ging darauf ein. Schließlich war alles besser als auf der Straße zu sitzen.

Mich ergriff die Panik. Sogar die schmuddeligen Zimmer, die ich zusammen mit Sheila besichtigt hatte, waren inzwischen vergeben. Ich suchte weiter und beschloss, das erstbeste zu nehmen, um wenigstens vorübergehend irgendwo unterzukommen. Im Nieselregen spazierte ich durch das Studentenviertel Sinchon, ging in jede Pension und fragte nach freien Zimmern. Alles war ausgebucht. Ich wanderte durch Straßenzüge voller Kneipen, Karaokebars und Game Rooms, in denen man alle Arten von Computerspielen spielen kann. Plötzlich sah ich ein Schild mit der Aufschrift »Livingtel«. Das Wort sagte mir nichts. Es war eine dieser Wortschöpfungen, die in Korea als Konglish bezeichnet werden – eine Mischung aus Koreanisch und Englisch. Neben dem Wort »Livingtel« stand: »Moderne, komfortable Wohneinheiten«. Ich hatte nichts zu verlieren und ging hinein. Im Erdgeschoss war ein Restaurant, das sich auf Meeresfrüchte und Fischgerichte spezialisiert hatte, weswegen es in dem ganzen Haus nach Fisch roch. Im ersten Stock lag eine Bar, die damit warb, dass jeden Abend Lifemusik gespielt wurde. Die Livingtel-Wohneinheiten befanden sich im zweiten, dritten und vierten Stock. Ich ging in das Büro im zweiten Stock. Der Hausverwalter war sehr nett und kam offenbar von der Südspitze der koreanischen Halbinsel. Sein starker Dialekt und meine unzureichenden Koreanischkenntnisse erschwerten die Kommunikation, aber er verstand, was ich wollte und zeigte mir ein Zimmer.

Das Zimmer war winzig – etwa sechs Quadratmeter groß: ein Bett, über dessen Fußende bereits der Schreibtisch anfing, ein schmaler Kleiderschrank, ein Fernseher, ein Regalbrett und ein paar Kleiderhaken. Eine Glastür führte zu einer Nasszelle mit Dusche und Waschbecken. Die Toiletten befanden sich auf dem Gang. Es gab eine Küche und eine Waschmaschine zur gemeinsamen Nutzung. Ich war mir bewusst, dass das Gebäude in der lautesten Ecke des Kneipenviertels von Sinchon lag und das Zimmer winzig war. In einem durchschnittlichen deutschen Einfamilienhaus ist selbst das Badezimmer größer als dieses Livingtel. Die Nachteile waren offensichtlich, aber der Hausverwalter war freundlich und hilfsbereit, das Haus sauber, die Möbel hübsch und neu – und ich hatte weniger als eine Woche, um eine neue Unterkunft zu finden.

Ich hatte einmal einen Artikel über Kapsel-Hotels in Japan gelesen, in denen man Schlafeinheiten mieten kann, die im Wesentlichen aus einem Bett und einem Fernseher bestehen.

Als ich vor Jahren durch Japan reiste, wollte ich in einem Kapsel-Hotel übernachten, aber die meisten vermieteten nur an Männer und ich hatte immer bereut, diese existenzielle Erfahrung der räumlichen Enge versäumt zu haben. Das Livingtel in Seoul war meine Chance, das nachzuholen. Ich unterschrieb einen Mietvertrag und zog kurz darauf ein.

Die Enge, die ich als Erlebnis gesucht hatte, wurde bald zur Belastung für mich. In dem winzigen Zimmer fühlte ich mich eingesperrt. Ich schlief schlecht. Der Lärm von der Straße war weniger schlimm als der Lärm aus dem Hausinneren. Die Wände der Wohneinheiten waren dünn. Fast jeden Tag hörte ich, wie sich mein Nachbar nach einer feuchtfröhlich durchfeierten Nacht im Morgengrauen in seiner Nasszelle erbrach.

Mein Zimmer lag neben dem Waschraum. Die Hausordnung verbot zwar die Benutzung der Waschmaschine nach zweiundzwanzig Uhr, aber einer der Hausbewohner fand sich immer, dem nachts um drei Uhr noch einfiel, dass seine Wäsche dringend gewaschen werden musste. In solchen Nächten lag ich hellwach im Bett und hoffte, dass der Schleudergang der Waschmaschine bald beendet sein würde. Tagsüber war ich müde, hatte dunkle Augenringe und war ständig reizbar und schlecht gelaunt.

So sehr mich die Enge des Zimmers auch bedrückte, sie machte mich nach einer Weile träge und bequem. In den ersten Tagen nach meinem Einzug drängte es mich hinaus auf die Straße – hinaus in die Freiheit. Ich verbrachte die meiste Zeit in Cafés oder an der Ewha. Nach einigen Tagen hatte ich aber gar keine Lust mehr, das Zimmer zu verlassen. Außer zum Koreanischunterricht ging ich selten aus. Ich blieb in meinem winzigen Zimmer, lag im Bett und sah fern. Nach nur einem Monat zog ich aus.

Die nächste Wohnung lag in der Nähe des Dongdaemun-Markts – dem Zentrum der koreanischen Modeszene. Das Viertel im Nordosten Seouls gehört eigentlich nicht zu den typischen Wohngegenden der Stadt, aber der Wohnraum in der 13-Millionen-Metropole wird knapp und so wurden in ehemaligen Geschäftsvierteln Bürogebäude in Wohnhäuser umgewandelt. Die Wohnung war geschmackvoll eingerichtet. Sie war voll ausgestattet mit Badezimmer, Küchenzeile und Waschmaschine. Das Haus lag direkt an einer U-Bahn-Haltestelle – was für mich wichtig war, denn wegen des Kamikaze-Fahrstils der koreanischen Busfahrer vermied ich Busse, wo es nur ging. Die Wohnung war perfekt – bis auf eine Kleinigkeit: meine Miete war doppelt so hoch wie in Berlin, obwohl meine Berliner Wohnung um einiges größer gewesen war als meine neue Behausung.

Die hohen Mietpreise in Seoul sind eine Plage, unter der Ausländer wie Einheimische gleichermaßen leiden. Im weltweiten Vergleich belegt Seoul – hinter Tokio und London – den dritten Platz, was die Höhe der Miete anbelangt. So ärgerlich die hohen Mietpreise in Seoul auch sein mögen, sie sind immer ein gutes Small-Talk-Thema. Als Ausländer findet man sich manchmal in Situationen wieder, in denen man sich mit unbekannten Koreanern unterhalten muss, einfach weil es unhöflich wäre, stur vor sich hin zu schweigen. Wenn man keinerlei gemeinsame Interessen und auch keinen anderen Aufhänger für eine kurze Unterhaltung hat, bieten sich die hohen Mietpreise als Thema an. So wie man sich in Europa über das Wetter unterhält, kann man in Korea über die Mietpreise plaudern. Solche Unterhaltungen sind eine der wenigen Gelegenheiten, bei denen man Koreaner über ihr Land schimpfen hört. Die meisten Koreaner tragen einen selbstgefälligen Nationalstolz vor sich her und sind absolut davon überzeugt, dass ihr Land über jede Kritik erhaben ist. Die einzigen Makel, die sie bereitwillig zugeben, sind die hohen Mietpreise und die Luftverschmutzung – vermutlich weil beides messbar und statistisch zu belegen ist.

Ich machte es mir in meiner teuren, neuen Wohnung bequem. Nach mehreren Monaten WG-Leben und der Livingtel-

Erfahrung war ich froh, wieder komfortabel und alleine zu leben. All meine Gewohnheiten, die ich in meiner Berliner Einzimmerwohnung gepflegt hatte, nahm ich wieder auf – samstags erst gegen Mittag aufzustehen und den ganzen Tag lang zu faulenzen, Schlammmasken, Haarkuren, Süßigkeiten- und Schnapsvorräte im Kühlschrank, kleine Merkzettelchen, die ich überall im Haus verteilte, und die mir halfen mich an Termine, nötige Einkäufe und Koreanischvokabeln zu erinnern. Ich genoss es, mich unbeobachtet und frei zu fühlen.

Eines Tages saß ich an meinem Schreibtisch und schrieb an einem Artikel über den internationalen Flughafen von Seoul, den ich nach Deutschland schicken wollte, als mir auffiel, dass ich doch nicht alleine lebte. Ich hatte Mitbewohner – aber Mitbewohner ganz besonderer Art. Meine Wohnung war, so teuer sie auch sein mochte, nicht besonders groß. Neben meinem Schreibtisch fing schon die Küchenzeile an. Als ich gerade über verschiedene Serviceeinrichtungen des Seouler Flughafens schrieb, huschte ein dunkelbraunes Wesen über die Rückseite meines Kühlschranks. Das Wesen hatte entfernte Ähnlichkeit mit einer deutschen Kellerassel. Es war nur um einiges größer. Kakerlaken! Ich hatte Kakerlaken im Haus. Mir waren noch nie welche begegnet. In Berlin gab es praktisch keine. In New York, Kamerun und China, wo ich jeweils mehrere Monate verbracht hatte, gab es welche, aber ich hatte sie nie zu Gesicht bekommen.

Ich nahm ein Papiertaschentuch, fing das dunkelbraune Wesen ein, warf es zum Fenster hinaus und hoffte, es würde bei der nervtötenden Nachbarin landen, die oft um sechs Uhr morgens in aller Lautstärke Telefongespräche führte. Mir war allerdings klar, dass Kakerlaken nicht alleine leben und dass es dort, wo das eine Tier hergekommen war, sicher noch Hunderte gab. Erst einmal unternahm ich nichts. Die vereinzelt auftretenden Tierchen, fing ich – wie das erste – ein und warf sie zur Tür oder zum Fenster hinaus. Ich dachte, es sei möglich, in friedlicher Koexistenz mit Kakerlaken zu leben.

Die Kakerlaken waren aber offenbar anderer Ansicht, denn sie versuchten, meine Wohnung zu okkupieren. Einmal als ich spätnachts nach Hause kam und das Licht einschaltete, verschwand eine Karawane von zehn Kakerlaken hinter meiner Kommode. Es wurde Sommer in Seoul und das feuchtheiße Klima führte zu einer explosionsartigen Vermehrung der Kakerlaken in meiner Wohnung.

Die Kakerlakenplage wurde irgendwann so groß, dass ich sie vor Joe nicht mehr geheim halten konnte. Er stieß einen spitzen Schrei aus, als er fünf Kakerlaken in meinem Spülbecken fand, die dort offenbar nach Essensresten suchten. »Du kannst in der Wohnung nicht bleiben«, sagte er. Meine relativ gelassene Haltung war ihm genauso suspekt wie meine Tierliebe, die auch die meisten meiner Freunde für völlig übertrieben hielten. Ausgehungerte Straßenkatzen, die sich vor meinem Haus herumtrieben, fütterte ich, Insekten in der Wohnung fing ich lebend ein und setzte sie im Freien aus. So abstoßend ich die Kakerlaken in meiner Wohnung auch fand, war ich trotzdem der Meinung, dass auch Kakerlaken ein Recht auf Leben haben.

Joe war empört, als ich ihm sagte, dass ich nichts gegen die Kakerlaken unternehmen wollte. »Du wirst krank, wenn du nichts unternimmst! Kakerlaken haben mit größter Wahrscheinlichkeit die SARS-Epidemie ausgelöst.« SARS – die Atemwegserkrankung, die wenige Jahre zuvor ganz Asien in Schrecken versetzt hatte – genügte als Drohung. »Du kannst ein paar Tage bei mir wohnen, bis ein Kammerjäger das Problem in den Griff bekommen hat.« Joe lebte wie in Korea üblich bei seinen Eltern. Die sprunghaft ansteigende Kakerlakenpopulation in meiner Wohnung war mir zwar alles andere als angenehm, aber die Aussicht, mit Joes Mutter zusammenwohnen zu müssen, begeisterte mich auch nicht gerade. Ich überzeugte Joe davon, dass es besser war, wenn ich in meiner Wohnung blieb, versprach aber, am nächsten Morgen meinen Vermieter anzurufen und mit ihm über das Problem zu sprechen.

Als ich Mr. Lee anrief und ihm von der Kakerlakenplage erzählte, war er nicht im Geringsten überrascht. »In der Nachbarwohnung hatten wir große Probleme mit Kakerlaken. Es kann sein, dass die jetzt in Ihre Wohnung weitergezogen sind«, erklärte er mir auf Englisch. Hilfsbereit und kulant wie er war, bot er sofort an, meine Wohnung mit einer giftigen Substanz auszuräuchern. »Aber das ist doch sicher auch für Menschen gesundheitsgefährdend, oder nicht?« Ich war misstrauisch, denn ich wusste, wie unbedarft Koreaner mit Insektengiften, Pestiziden und anderen toxischen Substanzen umgehen. »Wenn Sie einen Tag von frühmorgens bis spätabends aus dem Haus sind, kann ich das Gift versprühen und danach die Fenster öffnen. Dann sollte alles in Ordnung sein, wenn Sie abends nach Hause kommen«, erklärte er. »Aber ich kann doch nicht in einer Wohnung schlafen, in der Gift versprüht wurde.« Ich war immer noch nicht überzeugt. Mr. Lee versicherte mir, das sei alles kein Problem. Zögernd stimmte ich zu und hoffte, dass er wusste, was er tat.

An dem Tag, an dem Mr. Lee das Gift versprühen wollte, verließ ich frühmorgens das Haus. Ich ging in den Unterricht, lernte mehrere Stunden in der Bibliothek, ging in ein traditionelles Badehaus und verbrachte so viel Zeit in Warm- und Kaltwasserbecken, Dampfbädern und in der Sauna, bis meine Haut schrumpelig war. Zum Abendessen traf ich mich mit Laurent und Arnaud, zwei Franzosen, die ich aus dem Koreanischunterricht kannte. Ich versuchte das Abendessen so lange wie möglich auszudehnen. Laurent und Arnaud fingen an, Witze über mich zu machen und fragten, was ich wohl angestellt hatte, dass ich mich nicht nach Hause traute. »Mein Vermieter hat in meiner Wohnung Insektengift versprüht«, erklärte ich. Sie lächelten wissend und gaben Kakerlakenanekdoten zum Besten, von denen eine ekliger war als die andere.

Gegen dreiundzwanzig Uhr wagte ich mich nach Hause. Als ich meine Wohnungstür aufschloss, stieg mir ein süßlicher

Geruch entgegen und auf einmal wusste ich, warum man von »süßem Gift« spricht. Ich öffnete das Fenster, wechselte meine Bettwäsche und versuchte, sonst nichts anzufassen. Ich lag auf meinem frisch bezogenen Bett, atmete das süße Gift ein und versuchte einzuschlafen.

Hanbok und Hightech

Ihr pinkfarbener, weit ausladender Rock und die bunte Kurzjacke verbargen ihren Körper und ließen sie wie ein Wesen aus einer anderen Zeit wirken. Eine ältere Dame im Hanbok, der traditionellen koreanischen Tracht, ist ein seltener Anblick in Seouls U-Bahn. Zwischen all den Teenagern, die auf ihren Mobiltelefonen Computerspiele spielten und fernsahen, zwischen all den Anzugträgern, die per Handy schnell vor Börsenschluss noch Geschäfte abwickelten, zwischen all den jungen koreanischen Fashionistas, die stolz ihre neuesten Errungenschaften von Louis Vuitton und Gucci vorführten, wirkte die ältere Dame im Hanbok beinahe surreal. Sie kam vermutlich gerade von einer Hochzeit zurück. Hochzeiten enger Familienangehöriger, das chinesische Neujahrsfest und das Erntedankfest gehören zu den wenigen Gelegenheiten, zu denen heute der Hanbok noch getragen wird.

Die Szene in der U-Bahn hätte aus einem Korea-Werbespot stammen können. Seit einiger Zeit läuft auf CNN und anderen Fernsehsendern, die auf ein internationales Publikum abzielen, eine groß angelegte Kampagne, die das Image Koreas im Ausland verbessern soll. Slogans wie »Dynamic Korea« und »Korea Sparkling« sollen ein energiegeladenes, positives Bild von Korea vermitteln. Die Filmsequenzen der Werbespots spielen mit den Gegensätzen von Tradition und Moderne: Hanbok und Hightech, Popkultur und Folklore, Wolkenkratzer und alte Königspaläste. Die Widersprüche, die Parallelgesellschaften, die manchmal grotesken Kontraste machen Koreas Charme aus.

Ein Land im Umbruch ist immer faszinierend zu beobachten. Das Spannungsfeld zwischen Tradition und Moderne bringt aber auch eine Identitätskrise und einen Generationenkonflikt mit sich – was Korea zu einem Land macht, in dem weder Koreaner noch Ausländer ein einfaches Leben haben.

In den späten 1980er und in den frühen 1990er Jahren wurde Korea mit seinem rasanten Wirtschaftswachstum zu einem der erfolgreichsten Tigerstaaten. Firmen wie Samsung, LG oder Hyundai kämpften sich an die Spitze des Elektronik- und Hightech-Sektors. Technische Spielereien jeder Art, die das im Vergleich technikskeptische Deutschland meist erst Jahre später oder manchmal gar nicht erreichen, werden in Korea begeistert aufgenommen. Putzroboter, die das Parkett auf Hochglanz bringen, Kühlschränke, die den Bestand an Nahrungsmittelvorräten anzeigen und bei Bedarf Einkaufslisten erstellen, SmartPhones, die neben der normalen Telefonfunktion alle Funktionen eines kleinen Computers übernehmen, sind in Seoul keine Utopie, sondern Realität. Auch wenn nicht jeder Koreaner sich diese Hightech-Produkte leisten kann oder will, gehören sie doch zumindest für eine bestimmte gesellschaftliche Gruppe bereits zum Alltag. Verzaubert und gleichzeitig verstört betrachten ältere Koreaner diese technischen Spielereien, die ihnen so fremd bleiben als seien es rätselhafte Geräte, die Außerirdische vergessen haben, bevor sie ihr Raumschiff bestiegen und auf ihren Lichtjahre entfernten Planeten zurückkehrten.

In Korea scheiden sich an der Technikkompetenz Jung und Alt, Mit-der-Zeit-Gegangene und Ewiggestrige. Der moderne Koreaner ist immer unterwegs, immer erreichbar, immer mit mehreren Dingen gleichzeitig beschäftigt. Der Lebensrhythmus ist schnell, Verschnaufpausen gibt es nicht. Wer bei diesem Tempo nicht mithalten kann, wird rasch gesellschaftlich aussortiert.

In seinem Roman ›Der ferne Garten‹ beschreibt der koreanische Schriftsteller Hwang Sok-yong wie ein politischer Häftling nach siebzehn Jahren aus dem Gefängnis entlassen wird und sich in der modernen koreanischen Gesellschaft nicht mehr zurechtfindet. Sein erster Tag in Freiheit hält viele Überraschungen für ihn bereit. Er wundert sich über die kleinen Gegenstände, die man sich ans Ohr hält und die wie tragbare Radios aussehen – das Handy ist ein unbekanntes Gerät für ihn. Überrascht stellt er fest, dass Wasserhähne nicht mehr aufgedreht werden müssen, sondern automatisch mit Bewegungssensor funktionieren. Nach siebzehn Jahren findet er sich in einer neuen Welt wieder.

Im Jahr 2005 verzeichnete Südkorea einen makaberen Rekord. Die Selbstmordrate war zum ersten Mal höher als in Japan. Das lag vor allem daran, dass immer mehr ältere Koreaner Selbstmord begingen. Über die Gründe wurde viel spekuliert. Die meisten Zeitungen kamen zu dem Schluss, dass sich viele ältere Menschen in Korea nicht mehr zurechtfinden, weil es nichts mehr mit dem Land zu tun hat, in dem sie aufgewachsen sind.

Der Generationenkonflikt fordert seine Opfer. Allerdings wäre es übertrieben, die ältere Generation in eine Opferrolle zu drängen. Die Angst vor einer tiefgreifenden gesellschaftlichen Veränderung, die der dynamischen Wirtschaftsentwicklung folgt, die Angst, dass ihnen alles entgleitet, lässt viele ältere Koreaner störrisch an Althergebrachtem und Traditionellem festhalten. Zu den unumstößlichen Regeln gehören die Maximen des Konfuzianismus. Sie fordern die Autorität des Alters, die männliche Dominanz und den Respekt vor Ranghöheren. Das streng hierarchisch gegliederte Gesellschaftssystem bestimmt den Rang jedes Individuums. Es durchdringt jede gesellschaftliche Einheit – von Schulen, Universitäten und Firmen bis zu den Familienstrukturen.

In Korea ist es nicht unüblich, dass Eltern ihre Kinder unbarmherzig zum Lernen antreiben, sie in verhasste Berufe und in lieblose Ehen zwingen – einfach weil sie traditionell das

Recht dazu haben. Viele junge Koreaner, die im Ausland studiert, verschiedene Länder bereist oder zumindest durch Film und Fernsehen Erfahrungen mit anderen Kulturen gesammelt haben, wissen, wie frei und ungezwungen ihre Altersgenossen in anderen Ländern leben.

Der Generationenkonflikt ist mit der Situation in Europa und in den USA in den 1950er Jahren vergleichbar. Nicht umsonst taucht James Dean – die Ikone des jugendlichen Ungehorsams – ab und an in koreanischen Werbespots und in der Zeitungswerbung auf. Das Image, das James Dean auch Jahrzehnte nach seinem Tod anhaftet, fasziniert viele junge Koreaner, scheint sie aber nicht zu inspirieren. Rebellen à la James Dean sind selten in Korea.

»Korea braucht eine 68er Revolution – und zwar dringend!«, sagte meine Freundin Berangère, als wir in einem japanischen Nudelsuppenrestaurant zu Mittag aßen. Berangère arbeitet als Französischdozentin an einer der Seouler Eliteuniversitäten und hat jeden Tag mit jungen Leuten zu tun, die aus überlebten Traditionen ausbrechen wollen, aber nicht wissen wie. Tabuthemen wie Scheidung, unverheiratet zusammenlebende Paare, Selbstverwirklichung und Berufstätigkeit der Frau, nimmt Berangère als Ausgangspunkt für ihren Konversationsunterricht. Diese Diskussionen werden immer lebhaft, weil die jungen koreanischen Studenten denken, dass sie zumindest mit der ausländischen Dozentin offen reden können.

Für Berangères Studenten wurde der Französischunterricht durch manchmal völlig unerwartete Geständnisse ihrer Kommilitonen zur interessantesten Lehrveranstaltung der Woche. Eine Studentin aus einer südlichen Provinz erzählte, dass sie heimlich mit ihrem Freund zusammengezogen war. Das Geld, das sie durch die geringeren Mietkosten sparten, deponierten sie auf einem Extrakonto. Sie wollten es später für ein Promotionsstudium in Frankreich verwenden – wo sie weiterhin frei und unbehelligt zusammenleben konnten.

Wenn junge Koreaner der Kontrolle ihrer Eltern entwischen, praktizieren sie einen Lebensstil, der dem ihrer Eltern diametral entgegengestellt ist. Das manifestiert sich nicht nur in der veränderten Einstellung zu Liebe und Ehe, sondern auch in der Nachahmung des westlichen Lebensstils. Junge Koreaner trinken Kaffee statt grünem Tee und verbringen viel Zeit in Coffeeshops nach amerikanischem Vorbild. Auf der Straße sieht man Scharen von jungen Frauen, die mit Kaffeebechern von Starbucks herumlaufen, weil sie es so in amerikanischen Fernsehserien wie ›Sex and the City‹ gesehen haben. Auch den Kleidungsstil der Serienheldinnen versuchen viele junge Koreanerinnen zu kopieren.

Zu Hause wird nur koreanisches Essen aufgetischt, weil die Eltern ausländische Küche meistens für ungenießbar halten. Wenn sich junge Koreaner mit ihren Freunden treffen, essen sie Pizza und Pasta und nennen das Essen, das ihre Eltern mögen, »Alte-Leute-Essen«. Wenn ich mit jungen Koreanern in ein billiges koreanisches Restaurant gehen möchte, sind meine Freunde fast ausnahmslos entsetzt und fragen, warum ich denn dieses »Alte-Leute-Essen« bestellen wolle.

Zu Hause sind diese jungen Koreaner wie ausgewechselt. Sie essen, ohne zu murren, was auf den Tisch kommt – und vermutlich schmeckt es ihnen sogar besser als Pizza und Pasta. Wer vorgibt, ausschließlich westliches Essen zu konsumieren, gilt derzeit als weltgewandt und cool.

Allerdings haben die wenigsten Ausländer Gelegenheit, ihre koreanischen Freunde und Kollegen zu Hause zu beobachten. Die meisten älteren Koreaner sind Ausländern gegenüber skeptisch eingestellt und laden die ausländischen Freunde ihrer Kinder lieber nicht zu sich nach Hause ein. Diese Scheu hat zum einen mit der Sprachbarriere und kulturellen Differenzen zu tun. Zum anderen fürchten viele ältere Koreaner den schlechten Einfluss, den Ausländer auf ihre Kinder ausüben könnten.

Diese Skepsis gegenüber Fremden, die manchmal in kaum

mehr verschleierten Rassismus ausartet, macht vielen Ausländern in Korea das Leben schwer. So unangenehm diese Fremdenfeindlichkeit sein mag, ein Blick in die Geschichtsbücher verrät, warum es sie gibt. Korea galt jahrhundertelang als das »hermetische Königreich«, das sich nicht – wie seine Nachbarländer – nach Westen öffnete. Fremde waren in Korea immer unwillkommen, denn die wenigen Fremden, die koreanischen Boden betreten konnten, kamen selten mit guten Absichten. Die kleine Halbinsel war ein Spielball zwischen den mächtigeren Nachbarn China und Japan. Die Geschichte kriegerischer Auseinandersetzungen, bei denen Korea traditionell immer unterlegen war, belastet noch heute das Verhältnis zu beiden Nachbarländern.

Es gibt kaum einen Koreaner, der über China etwas Positives zu sagen hat. Chinesen seien schmutzig, unkultiviert und äßen Tiere, die in den meisten anderen Ländern der Welt nicht zum Verzehr vorgesehen seien – so lautet der allgemeine Tenor. Ironischerweise würden einige in Korea lebende Ausländer das gleiche harsche Urteil Wort für Wort über Korea abgeben. Derart drastische Kritik an China wird meist von Koreanern hervorgebracht, die noch nie einen Fuß in das verhasste Nachbarland gesetzt haben. Vermutlich liegt es an den fehlenden persönlichen Erfahrungen mit dem Reich der Mitte und seinen Bewohnern, dass viele Koreaner die durchaus vorhandenen Parallelen im chinesischen und im koreanischen Lebensstil nicht erkennen. Das Verhältnis von Chinesen und Koreanern kann man mit dem einer zerstrittenen Familie vergleichen. Für Koreaner sind Chinesen wie heruntergekommene Cousins, für die sie sich schämen, weil sie befürchten, dass sie sich eigentlich doch sehr ähnlich sind.

Das Verhältnis zu Japan ist von einer Hassliebe geprägt. Die meisten Koreaner bewundern Japan heimlich und versuchen japanische Mode, japanische Musik und den japanischen Lebensstil zu imitieren. Das Schlüsselwort dabei ist jedoch »heimlich«, denn eine Vorliebe für japanische Kultur äußert man in Korea besser nicht öffentlich. Nach der japanischen Invasion im Jahr 1910 war Korea fünfunddreißig Jahre lang japanische Kolonie. Die Besatzer zwangen die koreanische Bevölkerung, japanische Namen anzunehmen, japanisch zu sprechen und zu schreiben und sich vor dem Bild des japanischen Kaisers zu verbeugen. Koreanische Städte bekamen japanische Namen. Die koreanische Schrift Hangul wurde aus dem Schulunterricht verbannt. Koreanische Schüler wurden durch japanische Schulbücher indoktriniert, so wie ihre Eltern durch permanente Propaganda zu Japanern umerzogen werden sollten. Korea verlor seine nationale Identität und wurde zu einer japanischen Provinz.

Die Kriegsverbrechen, die von japanischen Soldaten während des Zweiten Weltkriegs verübt wurden – Folter, medizinische Versuche an Gefangenen, Zwangsarbeit und Zwangsprostitution –, aber auch die koreanische Kollaboration mit den japanischen Besatzern sind eine schlecht vernarbte Wunde. Korea ist ein Land, das im Laufe der Jahrhunderte viele Kriege erlebt hat. Dennoch nehmen die japanische Besatzung und der Zweite Weltkrieg eine Sonderstellung ein. Das mag an der relativen zeitlichen Nähe liegen, aber auch an der Spirale von Provokation und Gegenprovokation, die noch heute das koreanisch-japanische Verhältnis bestimmt. Regelmäßig gibt es territoriale Streitigkeiten zwischen Südkorea und Japan um die Dokdo-Felseninseln im japanischen Meer, die offiziell zu Südkorea gehören. Noch heute stellen japanische Schulbücher die koreanisch-japanische Geschichte nicht wahrheitsgemäß dar. Seit Jahrzehnten fordert Korea eine offizielle Entschuldigung für Japans Kriegsverbrechen. Bisher hat es noch keine Einigung zwischen den beiden Staaten gegeben, die für alle Beteiligten akzeptabel wäre.

Die Darstellung der gemeinsamen Geschichte ist allerdings auch in koreanischen Schulbüchern nicht neutral. In Korea werden Schulkinder mit antijapanischer Propaganda großgezogen. Als ich zwei kleine Mädchen in Englisch unterrichtete und mit ihnen Ländernamen, Nationalitäten und Flaggen durchnahm, zeigte ich ihnen die japanische Flagge. Sie sollten eigentlich nur den Ländernamen auf Englisch nennen. Wie auf Kommando sagte eines der Mädchen: »Japan. Aber Japaner sind alle schlechte, grausame Menschen, mit denen wir nichts zu tun haben wollen.« Meine andere Nachhilfeschülerin äußerte sich ähnlich negativ. Ich fragte sie, woher sie das wüssten. Sie zeigten mir ihr Schulbuch, das voll war mit antijapanischer Hetze.

Die Schwierigkeiten zwischen Japan und Korea beschränken sich jedoch nicht nur auf historische Konflikte. Auch wirtschaftliche Rivalität und ein Wettstreit um internationale Aufmerksamkeit belasten die Beziehungen. Korea fristet ein Mauerblümchendasein zwischen China und Japan. Touristen, die sich nach Korea verirren, sind meist auf der Durchreise oder haben in Asien schon alles andere gesehen und wollen den letzten unbekannten Fleck entdecken. Viele Koreaner halten das weitgehende Desinteresse des Westens an ihrem Land für beleidigend. Die Obsession, international eine bedeutendere Rolle spielen zu müssen und die verhassten japanischen Nachbarn endlich einzuholen, bringt einen oft grotesken Nationalismus hervor.

Eine junge koreanische Schauspielerin, die für ihr Modebewusstsein bekannt ist, wurde einmal von einem Fernsehsender für eine Reisereportage nach London geschickt. Sie berichtete vom Portobello Market, aus Secondhand-Läden und Designer-Boutiquen. Gegen Ende der Sendung wurde sie in einem Souvenirshop gezeigt, in dem »I love London«-T-Shirts verkauft wurden. Die junge Schauspielerin hielt ein T-Shirt in die Kamera und sagte, sie hätte lieber eines mit der Aufschrift: »I love London, but I love Korea more«. Bei einer ähnlichen Äußerung wäre eine deutsche Schauspielerin vermutlich öffentlich kritisiert worden.

Wenn man aus Deutschland kommt – aus einem Land mit einer gespaltenen nationalen Identität, wirkt der koreanische Nationalismus befremdlich. Nationalismus mag eine starke Kraft sein, aber eben auch eine Kraft, die blockierend wirkt, die rückwärtsgewandt ist und die bewirkt, dass alte Konflikte neu ausgetragen werden. Wegen des übersteigerten koreanischen Nationalismus ist das Land gefangen zwischen Tradition und Moderne. Dass Korea international nicht bedeutender, erfolgreicher und beliebter ist, mag nicht nur an China oder Japan und auch nicht nur an der Ignoranz des westlichen Auslands liegen. Es könnte tatsächlich mit an dem ewig gestrigen nationalistischen Denken liegen, das selbst in den Köpfen der Jungen und der Fortschrittlichen fest verankert ist.

Mit Hyun-Jung in Hongdae

»Ich muss ins Ausland gehen«, sagte Hyun-Jung, als wir zusammen im Studenten- und Künstlerviertel Hongdae Kaffee tranken. »In Korea kann ich nicht mehr heiraten. Dafür bin ich zu alt und zu gut ausgebildet.« Bei dieser Feststellung verzog sie keine Miene. Ich hatte keine Ahnung, ob sie traurig war oder frustriert oder einsam. Hyun-Jung war wie ein Avantgarde-Gedicht: irritierend, rätselhaft und schwer dechiffrierbar.

Hyung-Jung war eine der Ersten, die ich in Korea kennenlernte. Die Umweltschutzorganisation, für die ich einen Sommer lang arbeitete, arrangierte, dass jeder Ausländer einen Tag mit einer koreanischen Familie verbrachte, um mit der Kultur vertraut zu werden. Als Vegetarierin galt ich als schwierig und zickig, weswegen sich keine koreanische Familie fand, die mich aufnehmen wollte. Ich wurde Hyun-Jung zugeteilt, einer allein lebenden Doktorandin der Biotechnologie an einer Seouler Eliteuniversität. Als Buddhistin hatte sie Verständnis für vegetarische Ernährung.

Der Tag bei Hyun-Jung verlief angenehm und ruhig. Ein Taifun fegte über Seoul und seine Vororte, es regnete den ganzen Tag. Wir blieben in Hyun-Jungs Wohnung und sahen fern, obwohl ich kein Wort verstand, aber das machte mir nichts aus, denn ich war davon überzeugt, dass man durch das Fernsehprogramm eines Landes viel über die Kultur erfahren kann – im Positiven wie im Negativen.

Später zeigte mir Hyun-Jung Bilder von ihrem Studienaufenthalt in Australien und von einem Australier mittleren Alters, über den sie sagte: »Das ist mein Freund – aber ich weiß gar nicht, ob er mein richtiger Freund ist, weil wir uns so lange nicht gesehen haben.« Wir sprachen über Bach und Berliner Museen. Traditionell koreanisch war nur der grüne Tee, den wir aus einem hübschen alten Teeservice tranken, das Hyun-Jung extra für meinen Besuch von ihrer Mutter ausgeliehen hatte.

Ich würde nicht sagen, dass wir uns an diesem Tag besonders nahe kamen oder dass wir danach befreundet waren. Als ich wieder zurück in Berlin war, schrieben wir uns manchmal E-Mails und ich ließ sie wissen, wenn ich koreanische Romane in Übersetzung las und fragte sie nach ihrer Meinung über den Autor und sein Werk. Nach kurzer Zeit schlief unsere Korrespondenz ein.

Als ich ein Jahr später nach Korea zurückkam, traf ich sie durch Zufall im Goethe-Institut wieder, wo sie seit einiger Zeit Deutsch lernte. Sie hatte vage Pläne, nach Deutschland zu gehen, weil in Freiburg interessante Forschung in ihrem Fachgebiet betrieben wurde und weil sie sich dadurch erhoffte, dem gesellschaftlichen Druck zu entkommen, der in Korea auf Singles über dreißig lastet.

»Die koreanischen Männer widern mich an«, fuhr Hyun-Jung fort und rührte in ihrer Kaffeetasse. »Es wundert mich wirklich, dass du ausgerechnet mit einem Koreaner zusammen bist.«

Ich wusste nicht so recht, was ich darauf antworten sollte. »Viele Männer mögen intelligente Frauen nicht oder fühlen sich von ihnen eingeschüchtert. Das ist in Deutschland auch nicht anders«, sagte ich und versuchte, die Drastik von Hyun-Jungs Aussage abzumildern.

»Die koreanischen Männer sind widerlich, unkultiviert und stockkonservativ. Ich bin jetzt sechsunddreißig, ich habe Sommersprossen und einen Doktortitel. Eine unattraktivere Kombination gibt es für koreanische Männer gar nicht. Ich bin für sie ein Nichts. Ich bin Luft. Zu dir sind sie vielleicht nett, weil du jünger bist und exotisch als Ausländerin, aber glaub mir, die koreanischen Männer sind schlecht. Und hässlich sind sie meistens obendrein. Neulich hatte ich eine Verabredung mit einem Mann, der etwas älter war als ich, glatzköpfig und durchschnittlich aussehend. Er hatte nicht einmal eine gute Universitätsausbildung. Obwohl er in jeder Hinsicht weit unter meinem Niveau war, habe ich mich auf die Verabredung mit ihm eingelassen. Und weißt du, was er mir am Ende des Abends sagte? Ich sei ihm zu alt und zu unattraktiv. Das sagte der Richtige! So ein widerlicher Kerl!«

Hyun-Jungs Offenheit überraschte mich immer wieder. Informationen dieser Art hätte ich vielleicht meiner Schwester oder einer meiner besten Freundinnen in Berlin mitgeteilt, aber nicht jemandem, den ich eigentlich kaum kannte. Hyun-Jung und ich trafen uns in unregelmäßigen Abständen, manchmal sahen wir uns monatelang nicht. Ehrlich gesagt, hätte ich es auch nicht verkraftet, sie häufiger zu sehen. Ihre radikale Negativität faszinierte mich zwar, deprimierte mich aber auch für den Rest des Tages. Wir hatten sicher nicht die Art von Freundschaft, die normalerweise den Austausch intimer Informationen einschließt. Ich vermutete, dass Hyun-Jung mir diese Geschichten erzählte, weil ich als Ausländerin eine andere Perspektive auf ihre Probleme hatte und weil sie mit ihren verheirateten koreanischen Freundinnen nicht in dieser Offenheit reden konnte.

Ich griff den banalsten Teil ihrer Hasstirade gegen koreanische Männer auf, weil ich die Unterhaltung auf eine unverfänglichere Ebene zurückführen wollte: »Gelten Sommersprossen in Korea als hässlich?«

»Natürlich.«

»In Europa finden wir Sommersprossen niedlich. Ich finde deine Sommersprossen hübsch.«

»Ich finde meine Sommersprossen hässlich. Jeder findet sie hässlich. Wenn man in Korea viele Sommersprossen hat, gehört man automatisch zu den Menschen, die wenig Glück im Leben haben werden.« Mir fiel ein, dass alle Koreanerinnen mit Sommersprossen, die ich kannte, mit ausländischen Männern liiert waren.

»Aber nur weil du Sommersprossen hast, wertet dich das doch nicht als Mensch ab«, sagte ich.

»In Korea schon. Ich merke, wie mich die Leute in der U-Bahn ansehen mit einer Mischung aus Ekel und Mitleid, wie eine Behinderte.«

»Lass dich von solchen Leuten nicht beeinflussen. Ich finde, du bist ganz besonders, ganz anders als andere Koreanerinnen.« Damit wollte ich ihr nicht schmeicheln, ich meinte es ernst. Ich kannte so viele koreanische Mädchen, die mir gelangweilt und desinteressiert vorkamen, die sich nur für Make-up, Mode und ihre Louis-Vuitton-Taschen begeisterten, die ständig in der Öffentlichkeit, auch bei Tisch, ihre Lippen nachzogen und mit denen eine vernünftige Unterhaltung undenkbar war. »Und ich finde dich auch hübsch.« Mit ihren sechsunddreißig Jahren sah Hyun-Jung gut zehn Jahre jünger aus. Sie war klein und zierlich und hatte ein schmales, intelligentes Gesicht, das sich so sehr von den Gesichtern vieler anderer Mädchen unterschied, aus deren stark geschminkten Augen die bloße Leere blickte.

Hyun-Jung fühlte sich offensichtlich geschmeichelt und beruhigte sich. Ich musste gehen, ich wollte zu einer Lesung im Goethe-Institut und war schon spät dran. Hyun-Jung begleitete mich zur U-Bahn.

»Ich mag Hongdae«, sagte ich. »Es ist so anders als der Rest von Seoul. Die Leute sind irgendwie entspannter. Die meisten Künstler, die hier leben, haben noch keinen Erfolg und sind noch nicht bekannt genug für die Galerien in Insadong, aber das scheint hier niemanden zu stören. Hier wird niemand nach seinem Erfolg bewertet. Es geht eher darum, ein interessanter Mensch und mit seiner eigenen Arbeit zufrieden zu sein. Hongdae ist ein bisschen wie Montmartre im Paris der 20er Jahre oder Greenwich Village im New York der 50er Jahre oder wie Friedrichshain in Berlin noch vor ein paar Jahren.«

Hyun-Jung nickte zustimmend.

»In Hongdae gibt es so viele tolle Cafés und Bars und Clubs …«, schwärmte ich.

»Clubs«, wiederholte Hyun-Jung. »Ich war noch nie in einem Club.«

»Wirklich?« Ich war zwar auch keine regelmäßige Clubgängerin, aber ich konnte mir nicht vorstellen, dass jemand mit sechsunddreißig noch nie in einem Club gewesen war.

»Ich wollte das immer mal machen, aber an der Uni hatte ich einen Freund, der viel in Clubs ging und mir sagte, das sei nicht der richtige Ort für mich. Irgendwie ließ ich mich davon abschrecken.« Hyun-Jung machte einen Sprechpause und starrte vor sich hin, dann sagte sie: »Aber einmal möchte ich in einen Club gehen, nicht um zu tanzen, einfach um den anderen zuzusehen und die Atmosphäre zu genießen.«

»In Hongdae gibt es so viele Clubs. Wir können irgendwann zusammen hingehen, wenn du möchtest«, schlug ich vor.

»Sehr gerne.« Hyun-Jung strahlte und ich war mir bewusst, dass mein Versprechen als verbindlich galt.

Ich überlegte einige Tage, wohin ich sie mitnehmen könnte. Die meisten Clubs in Hongdae wurden von einem sehr jungen Publikum frequentiert. Ich wusste nicht, wie Hyun-Jung reagieren würde auf den Geruch nach Schweiß und Zigarettenrauch, auf Hip-Hop und laute koreanische Popmusik, auf grell geschminkte Teenager in winzigen Röckchen, die sich bemühten, älter zu wirken. Die Clubs in Hongdae unterschieden sich kaum von Clubs irgendwo anders auf der Welt, aber ich konnte schlecht abschätzen, wie schockierend sie wohl auf jemanden wirken mochten, der lieber Bach hörte und viel Zeit in Labors mit Reagenzgläsern verbracht hatte.

Ein paar Tage später kam die Lösung meines Problems per

E-Mail. Ich bekam eine Einladung der Oi-Bar zu einer Party. Die Oi-Bar war ein mysteriöser Ort. Die Inneneinrichtung war einem Iglu nachempfunden. Landschaften aus künstlichem Eis, das in Wirklichkeit aus Pappmaché hergestellt war, gedämpftes Licht und psychedelische Musik machten die Bar so besonders und eindeutig unterscheidbar von allen anderen Etablissements, die ich jemals gesehen hatte.

Seitdem ich mich mit meiner Freundin Berangère einmal in der Oi-Bar betrunken hatte, waren wir dort bekannt, wurden zu jeder Party eingeladen und mussten nie Eintritt bezahlen. Bei den Partys wurde oft auch getanzt. In der Oi-Bar war das Publikum gemischt: junge Studenten der Hongik-Universität neben alternden Künstlern und Möchtegern-Künstlern, Koreaner neben Ausländern verschiedener Nationalitäten – das Einzige, was alle gemeinsam hatten, war die Selbstinszenierung und die Dramatik ihrer äußeren Erscheinung.

Der DJ, mit dem ich befreundet war, seitdem ich in volltrunkenem Zustand in den Zimmerspringbrunnen der Bar getreten war und er mir den Fuß abgetrocknet hatte, war eine der schillerndsten Figuren der Partyszene von Hongdae. Er trug lange, wallende Gewänder, buddhistische Gebetsketten als Halsschmuck, auch im Dunkeln eine große Sonnenbrille und eine extravagante Kopfbedeckung – meist einen überdimensionalen Schlapphut. Meine Freundin Berangère sagte immer, er strahle die Ruhe eines buddhistischen Mönchs aus und nicht die hektische Überheblichkeit anderer DJs. Ich stimmte ihr zu.

Ich beschloss, die mysteriöse Oi-Bar sei der richtige Ort für Hyun-Jung und fragte sie, ob sie mitkommen wolle. Sie sagte begeistert zu. Als ich sie am Freitagabend traf, kam sie gerade von der Arbeit. Nachdem ihr Doktorvater Hyun-Jungs Forschungsergebnisse als seine eigenen ausgegeben und veröffentlicht hatte, hatte sich Hyun-Jung desillusioniert von der Wissenschaft abgewandt und arbeitete in einer Privatschule bis in die späten Abendstunden als Englischlehrerin. Wir gingen zum

Abendessen in ein japanisches Restaurant. Ich mühte mich ab, die glitschigen Udong-Nudeln mit Stäbchen zu essen, und versuchte keine Flecken auf mein sorgfältig ausgewähltes Outfit zu bekommen. Ein Besuch in der Oi-Bar verlangte immer eine besondere Garderobe. Hyun-Jung war ganz in Schwarz erschienen, was ihr vermutlich am passendsten vorkam, weil sie ja nicht wusste, worauf sie sich einließ. Beim Essen erzählte mir Hyun-Jung von ihrer Arbeit, unkonzentriert spulte sie einige Anekdoten ab. Ich spürte ihre Nervosität. Sie wollte los. Sie wollte nicht länger warten. Sie wollte Leute tanzen sehen.

Wir kamen gegen 22 Uhr in der Oi-Bar an. Am Eingang zogen wir, wie alle Gäste, die Schuhe aus und steckten sie in Beutel, die mich an die Turnbeutel aus meiner Grundschulzeit erinnerten. Auf Socken betraten wir den Raum. Ich überlegte mir, wie phantastisch die Bar in ihrer ganzen Pracht für Hyun-Jung sein musste, die alles zum ersten Mal sah, aber sie sagte kein Wort. Die meisten guten Tische waren schon besetzt, aber niemand tanzte. Das käme bestimmt später, versicherte ich Hyun-Jung. Ich begrüßte den DJ, einen Installationskünstler, den ich kannte, und den Barkeeper.

»Du hast viele Freunde hier«, bemerkte Hyun-Jung.

Ich besorgte uns Getränke – einen Gin Tonic für mich und einen Traubensaft für Hyun-Jung, die mit ihrem Auto gekommen war. Wir setzen uns an einen Tisch, von dem aus wir die Tanzfläche im Blick hatten. Die Musik dröhnte. Hyun-Jung und ich mussten uns anschreien, wenn wir uns unterhalten wollten. Hyun-Jung sprach über ihren Beinahe-Freund, den Australier, der überall in der Welt herumreiste, aber nie nach Korea kam, um sie zu besuchen. Ich wagte es nicht, ihr zu sagen, was das wohl zu bedeuten hatte, und ließ sie weiterreden. Mein Teil der Unterhaltung bestand weitgehend daraus, ihr zu versichern, dass bestimmt bald jemand anfangen würde zu tanzen.

Gegen Mitternacht kletterte ein schlaksiger, junger Koreaner auf eine Eisscholle aus Pappmaché und fing an zu tanzen. Ganz alleine. Er trug zerschlissene Jeans, ein weißes Hemd, das aus der Hose hing, und eine dicke schwarze Hornbrille. Alle starrten ihn an, aber er tat so, als bemerkte er es nicht.

»Willst du näher rangehen?«, fragte ich Hyun-Jung. Sie nickte. Wir setzten uns auf eine Eisscholle, von der aus wir den Tänzer gut sehen konnten. Wir beobachteten jede seiner Bewegungen. Seine Füße blieben immer auf dem gleichen Fleck, manchmal stampfte er im Rhythmus der Musik auf. Das Originelle an seinem Tanzstil waren die Armbewegungen. Wie ein Schwimmer führte er gleichmäßige Kraulbewegungen aus. Ein herausragender Tänzer war er nicht, dafür war sein Tanzstil zu merkwürdig und zu ungelenk, aber Hyun-Jung bemerkte: »Es gehört viel Mut dazu, vor allen zu tanzen.« Vor allem, wenn man es gar nicht so gut konnte.

Irgendwann geriet der Schwimmer offenbar außer Atem und setzte sich wieder an seinen Platz. Sein Rückzug wirkte wie ein Signal. Kaum hatte er sich gesetzt, gingen alle Lichter aus. Ein älterer, dicklicher Koreaner in einer lächerlich knappen Motorradkluft, der in den meisten anderen Clubs ausgelacht worden wäre, erschien mit zwei großen Taschenlampen auf der Tanzfläche. Er fuchtelte mit den Taschenlampen herum, leuchtete in die eine Ecke der Bar, dann in die andere. Die Musik war lauter, donnernder geworden. Der Tänzer in Motorradkluft führte eine einstudiert wirkende Choreographie auf, die mich wenig begeisterte. Alle anderen Gäste schienen die Performance mitreißend zu finden. Ein Mädchen in buntem Ringelkleid und schwarzen Leggins, das einer koreanischen Schauspielerin ähnlich sah, stürmte barfuß auf die Tanzfläche. Einen Moment überlegte ich, ob es wohl wirklich die Schauspielerin war, die ich aus dem Fernsehen kannte. Das Mädchen hüpfte auf und ab und winkte seine Freunde heran, die sich bald der Tanzperformance anschlossen. Alles wirkte ein bisschen inszeniert, aber bald war die ganze Tanzfläche voll. Hyun-Jung sah sich das Spektakel verzückt an. Sie sagte zu mir: »Du kannst ruhig tanzen gehen, wenn du möchtest, kümmere dich nicht um mich, ich möchte nur zusehen.« Ich wollte nicht tanzen. Eigentlich tanze ich überhaupt nicht gerne, aber das sagte ich ihr nicht.

Ich weiß nicht, wie lange wir auf der Eisscholle aus Pappmaché saßen. Vielleicht zwei Stunden. Hyun-Jung betrachtete die Szene mit einer Mischung aus Faszination und Entsetzen, wie sich manche Leute modernes Theater ansehen. Irgendwann sagte sie: »Möchtest du noch bleiben? Ich würde jetzt lieber nach Hause gehen.«

Wir liefen zusammen ein Stück die Straße hinunter, wo wir ein Taxi für mich suchten. Da die U-Bahn nur bis Mitternacht fährt, sind Taxis das übliche Fortbewegungsmittel der Party- und Clubgänger – sofern sie sich noch an ihre Adresse und ihren Nachhauseweg erinnern, was beim exzessiven Alkoholkonsum vieler Koreaner nicht immer selbstverständlich ist.

»Wie hat es dir gefallen? War es so, wie du es dir vorgestellt hast?«, wollte ich von Hyung-Jung wissen.

»Ich hatte es mir ganz anders vorgestellt. Ich dachte, es würde stinken und überall würden Zigarettenkippen herumliegen. So hatte es mir mein Freund immer erzählt. Aber das heute war nett, richtig zivilisiert.«

»Nächstes Mal können wir in einen richtig dreckigen Club gehen, wenn dir das heute zu zivilisiert war.«

»Oh, nein, nein. Ich hatte viel Spaß. Ich weiß gar nicht, wie ich dir danken soll.«

Hyun-Jung winkte ein Taxi für mich heran und erklärte dem Taxifahrer, wo er mich hinfahren sollte. Ich hätte es ihm selbst beschreiben können, aber Hyun-Jung hielt es für ihre Pflicht, sicherzustellen, dass ich gut nach Hause kam.

Als ich um drei Uhr die Tür zu meiner Wohnung aufschloss, bekam ich eine SMS von Hyun-Jung: »Ich hatte wirklich viel Spaß. Danke, dass du mich mitgenommen hast.« Ans Ende der SMS setzte sie eine Reihe Smileys.

English Mania

Auf der Rolltreppe, die an der U-Bahn-Station »Ewha Woman's University« zum Bahnsteig hinunterführt, standen vor mir ein paar koreanische Teenager. Ein etwa 13-jähriges Mädchen drehte sich zu mir um, starrte mich an und sagte: »Your hair is small.« Dabei machte das Mädchen eine Handbewegung, mit der es die knappen fünf Zentimeter meiner Haarlänge abmaß. Ich war zu verblüfft, um zu antworten, überlegte mir aber, warum das Mädchen mich überhaupt ansprach, wenn es offensichtlich schlecht Englisch sprach und mir nichts Vernünftiges mitzuteilen hatte.

Es sollte nicht bei dieser einen Erfahrung bleiben. Oft wurde ich in der U-Bahn, im Bus, manchmal auch auf der Straße von wildfremden Koreanern auf Englisch angesprochen. Ein typischer Dialog begann mit »Hello! How are you?«. Auf diese freundliche Annäherung antwortete ich meist ebenso freundlich: »Fine. And you?«

»Fine.« – Damit war die Konversation meist schon beendet, weil die Sprachkenntnisse meines Gegenübers nicht weiter reichten. In meinen ersten Wochen in Korea hielt ich diese kurzen Unterhaltungen für eine willkommene Abwechslung. Meine Koreanischkenntnisse waren so schlecht, dass ich erleichtert war, wenn sich die Möglichkeit bot, englisch zu sprechen. Ich mühte mich selbst mit meinem Koreanischunterricht ab und wusste, wie groß die grammatikalischen Unterschiede zwischen der koreanischen Sprache und den indogermanischen Sprachen sind. Der Gedanke lag also nahe, dass für

Koreaner das Englischlernen genauso schwierig sein musste wie für mich das Koreanischlernen.

Als sich meine Sprachkenntnisse langsam verbesserten und ich mich auf Koreanisch besser verständigen konnte als mancher Koreaner auf Englisch, änderte sich meine Perspektive. Ich bemerkte, dass die freundliche Begrüßung auf Englisch kein Bestandteil aufrichtiger Gastfreundschaft war, sondern nur eine Sprachübung. Es stellte sich meist schnell heraus, dass meine Gesprächspartner gar nicht an einer ernsthaften Unterhaltung interessiert waren, sondern lediglich ein Versuchsobjekt für ihre Englischkenntnisse suchten. Umgekehrt tat ich mich schwer, Versuchsobjekte für meine Koreanischübungen aufzutun. Koreaner finden es meist anstrengend, sich mit Ausländern zu unterhalten, deren Koreanischkenntnisse alles andere als perfekt sind, und verlieren schnell die Geduld.

Ältere Koreaner sind der Meinung, dass alle weißen Ausländer Amerikaner sind. Jüngere Koreaner fallen diesem Missverständnis nicht mehr zum Opfer, sind aber trotzdem überzeugt, die meisten weißen Ausländer würden perfekt Englisch sprechen und somit als Übungsobjekte in Frage kommen. Manchmal beneidete ich meine französischen Freunde: Sobald sie sich belästigt fühlten von Koreanern, die sich ihnen auf Englisch näherten, fauchten sie sie auf Französisch an und wurden von da an in Ruhe gelassen. Ich dagegen schaffte es nie, mich zu wehren, weil ich heimlich stolz darauf war, polyglott zu sein und immer brav in der Sprache antwortete, in der ich angesprochen wurde.

Einmal beklagte ich mich bei meiner Mitbewohnerin Sheila, dass ich mich in dieser Hinsicht ausgenutzt fühlte. Sheila gab mir den Ratschlag: »Lass dich doch dafür bezahlen!« Sheila arbeitete schon seit sieben Jahren als Englischlehrerin – zuerst in Japan, dann in Korea – und bekam für eine Stunde Unterricht 50 000 Won. Lehrer mit weniger Unterrichtserfahrung konnten mit mindestens 30 000 Won rechnen – was immer noch ein ansehnlicher Stundenlohn war. Es machte in den meisten Fällen auch keinen Unterschied, ob man Englisch als Muttersprache oder als erste Fremdsprache gelernt hatte. Solange man fließend Englisch spricht, hat man in Korea ein sicheres Einkommen.

Der Großteil der erwachsenen Koreaner hat schlechte Englischkenntnisse. Wenn das im koreanischen Fernsehen thematisiert wird, findet sich aber immer jemand, der darauf hinweist, dass die verhassten Japaner noch schlechter Englisch sprechen. Auch wenn mit diesen nationalistischen Kommentaren der eigene Makel schöngeredet werden soll, sind sich die meisten Koreaner ihres Mankos bewusst. Erwachsene Koreaner investieren viel Geld und den Großteil ihrer Freizeit in Englischunterricht. In den frühen Morgenstunden vor der Arbeit oder nach der Arbeit bis spät in die Nacht lernen Koreaner unregelmäßige Verben, vertrackte Konjunktivsätze und idiomatisch korrekte Ausdrucksweisen.

Manche große Firmen leisten sich einen eigenen Englischlehrer, der täglich im Konferenzraum der Firma Stunden gibt, oder schicken ihre Angestellten auf einen mehrwöchigen Intensivkurs. Sheila arbeitete einen Sommer lang als Englischlehrerin für LG, wurde dafür sehr gut bezahlt, bemerkte aber, dass sie sich jeden Won hart erarbeitet hatte. Bei ihrer Klasse handelte es sich um Mitarbeiter kurz vor der Pensionierung, die so hoffnungslos schwer von Begriff waren, dass von Lernerfolg keine Rede sein konnte. Sheilas Aufgabe war es vor allem, ihre Aussprache zu korrigieren.

»Stell dir mal vor, was das für ein Spaß ist, einer Horde älterer Herren zu erklären, dass ihre Zungenstellung falsch ist!«, erzählte sie mir. »Ich war tagelang damit beschäftigt, auf ihre Zungen zu starren und die korrekte Stellung vorzumachen. Und dann bekamen sie es doch nicht richtig hin. Es war zum Verzweifeln!«

Wie die älteren Herren von LG werden viele koreanische

Angestellte von ihrem Arbeitgeber dazu gedrängt, ihre Englischkenntnisse zu verbessern. Andere gehen freiwillig in den Englischkurs aus Angst vor Arbeitsplatzverlust und dem erbarmungslosen Wettbewerb auf dem koreanischen Arbeitsmarkt. Der Druck, die eigenen Qualifikationen zu perfektionieren, ist hoch. Streng sind auch die Einstellungskriterien. Ein Universitätsabsolvent benötigt im Durchschnitt eineinhalb Jahre, bis er eine feste Stelle findet. Diese Wartezeit wird von den meisten mit Weiterbildung, oft in Form von Englischkursen, überbrückt. Da koreanische Firmen sehr an geschäftlichen Beziehungen vor allem mit dem westlichen Ausland interessiert sind und die wichtigste Geschäftssprache nun einmal Englisch ist, werden von Berufseinsteigern sehr gute Englischkenntnisse erwartet.

Ein wesentliches Kriterium bei der Auswahl von Bewerbern um eine freie Stelle spielt das TOEIC-Ergebnis. Da Koreaner bevorzugt amerikanisches Englisch lernen, gilt der amerikanische Sprachtest TOEIC als Standardtest zur Überprüfung der Englischkenntnisse. Wer kein gutes TOEIC-Ergebnis vorweisen kann, muss damit rechnen, dass seine Bewerbungsunterlagen in den Personalabteilungen der großen Firmen – egal wie gut die sonstigen Qualifikationen sein mögen – sofort im Papierkorb landen. So wichtig gute Englischkenntnisse für den internationalen Handel sein mögen, so absurde Ausmaße nimmt die obsessive Fixierung auf ein gutes TOEIC-Ergebnis an.

Der als »English Mania« titulierte Trend ist in Korea altersübergreifend. Nicht nur Angestellte, Arbeitssuchende und Studenten quälen sich mit englischer Grammatik und Ausspracheübungen. Auch Kinder ab fünf Jahren lernen in Korea im Kindergarten und später in der Grundschule, in Nachhilfeschulen und oft auch noch zusätzlich zu Hause mit Privatlehrern Englisch. Bei den Kleinsten, die sehr aufnahmebereit sind und schnell lernen, zeigt der Englischdrill die größten Fortschritte. Während die meisten erwachsenen Koreaner – trotz teurer und zeitaufwendiger Englischkurse – sich mit englischer Konversation immer noch schwertun, spricht der Großteil der 10-jährigen Kinder fließend Englisch.

Da ich im Gegensatz zu Sheila wenig Erfahrung als Lehrerin hatte, traute ich es mir nicht zu, gleich eine ganze Klasse zu unterrichten. Meine Lehrerfahrung beschränkte sich auf Nachhilfestunden in Englisch und Französisch, die ich als Gymnasiastin gegeben hatte, und einen deutsch-chinesischen Sprachaustausch – wobei weder mein rudimentäres Chinesisch, noch das schon sehr gute Deutsch meiner Sprachpartner erkennbare Fortschritte gemacht hatte. Ich war mir nicht sicher, ob ich eine gute Lehrerin abgeben würde, aber irgendwann gab ich dem Drängen einiger koreanischer Mütter nach und erklärte mich einverstanden, ihren Kindern Englischunterricht zu geben.

Meine ersten Schüler waren zwei Geschwister – ein 7-jähriges Mädchen und ein 10-jähriger Junge. In der ersten Stunde machte ich einen kurzen Test, um das Sprachniveau abschätzen zu können. Ich wollte wissen, wie viele Adjektive die Kinder kannten, und bat das kleine Mädchen, die Persönlichkeit ihrer Mutter zu beschreiben. An der gleichen Frage war ich einmal selbst in einer mündlichen Koreanischprüfung an der Ewha gescheitert. Ich kannte nicht genügend Adjektive und hatte stark vereinfachend gesagt: »Meine Mutter ist lustig, sie liest gerne Bücher und trinkt gerne Kaffee.« Meine Lehrerin hatte sich damals vor Lachen ausgeschüttet. Meine Englischschülerin aber druckste herum. Schließlich sagte sie: »Meine Mutter arbeitet sehr hart und sie will, dass mein Bruder und ich die Besten in der Schule sind.« Ich wusste nicht, was ich dazu sagen sollte, und fragte sie: »Und dein Vater? Wie ist dein Vater? Ist er lustig?« Ich hatte ihren Vater kennengelernt und fand ihn recht amüsant. Sie antwortete: »Mein Vater ist nicht lustig. Ich weiß gar nicht, wie mein Vater ist. Entweder arbeitet er oder er sitzt zu Hause vor dem Fernseher.« Eine übertrieben ehrgeizige

Mutter und ein Vater, der nie ansprechbar ist … Das Mädchen tat mir ein bisschen leid, aber solange ich als Nachhilfelehrerin arbeitete, musste ich mir immer wieder vor Augen führen, dass meine Aufgabe nur darin bestand, Englisch zu unterrichten, und nicht, mich in die familiären Verhältnisse meiner Schüler einzumischen.

Die Konstellation ehrgeizige Mutter und abwesender Vater ist in koreanischen Familien keine Seltenheit. Vor allem in wohlhabenden Familien hat der Vater meist einen hochbezahlten, anstrengenden Job, der den Großteil seiner Zeit beansprucht. Die Mutter koordiniert die Erziehung der Kinder. Viele koreanische Frauen geben nach der Hochzeit ihren Beruf auf, weil Kindererziehung als Vollzeitbeschäftigung gilt. Die Mutter meiner ersten beiden Englischschüler erzählte mir, dass für den Jungen nach der Schule noch zusätzlicher Mathematikunterricht, Fußball, Taekwondo und Klavierstunden auf dem Programm standen. Seine Schwester konzentrierte sich auf den Englischunterricht – was sich offenbar auszahlte, denn sie sprach deutlich besser Englisch als ihr drei Jahre älterer Bruder. Sie erhielt jeden Tag Englischunterricht in der Schule, drei Mal in der Woche in einem Nachhilfeinstitut und einmal wöchentlich meine Privatstunden. Zusätzlich lernte sie Klavier spielen und hatte Ballettunterricht. Ausgehend von dem Betrag, der mir monatlich gezahlt wurde, schätzte ich, dass diese Familie monatlich pro Kind umgerechnet 1000 Euro für zusätzlichen Unterricht ausgab. Diese Familie ist kein Einzelfall. Koreaner sind bereit, in die Erziehung ihrer Kinder viel Geld zu investieren. Die Aufgabe der Mutter ist es in den meisten Fällen, die Kinder von Schule zu Schule, von Termin zu Termin zu fahren.

Manche Zehnjährigen haben einen Terminplan, der dem eines Topmanagers in nichts nachsteht. Als ich später andere Kinder unterrichtete, erzählte mir ein Mädchen, dass seine Zeit jeden Tag von acht Uhr morgens bis neun Uhr abends komplett verplant war mit Unterricht und außerschulischen Aktivitäten. Als wir einmal über Freizeit und Hobbys sprachen, erzählte ich, dass ich mit zehn Jahren den ganzen Nachmittag zu meiner freien Verfügung gehabt hatte. Meine Schülerin wollte es mir nicht glauben. Eine Mutter erklärte mir einmal, selbst wenn sie ihren Kindern mehr Zeit zum Spielen zugestehen würde, könnten sie nicht mit anderen Kindern spielen, sondern müssten den Nachmittag alleine verbringen – schließlich wären die anderen Kinder ja alle in Nachhilfeschulen.

Koreanische Familien muten nicht nur ihren Kindern viel zu, auch die Eltern bringen große Opfer. Mein Koreanischlehrer Mr. Park erzählte einmal im Unterricht von den sogenannten Wildgans-Vätern. So nennt man Männer, die ihre Familien in die USA oder nach Kanada schicken, damit die Kinder dort perfektes Englisch lernen. Die Väter überweisen den Großteil ihres Gehalts an ihre Ehefrau im Ausland, während sie spartanisch in winzigen Einzimmerwohnungen in Seoul leben. Wie Zugvögel machen sich diese Väter einmal im Jahr – meist im Sommer oder zu Weihnachten – auf, um ihre Familien zu besuchen. Wie diese Treffen ablaufen, verriet Mr. Park nicht, aber es bedarf nicht viel Phantasie es sich auszumalen.

In dem koreanischen Film ›Ein glückliches Leben‹ geht es um einen solchen Wildgans-Vater, der in Korea bis zur Erschöpfung arbeitet und von Kanada – das für viele Koreaner als das gelobte Land gilt – träumt. Die Familie hat sich dort ein neues Leben aufgebaut, in dem der koreanische Vater nur noch als Geldgeber von Bedeutung ist. Seine Frau hat längst einen anderen Mann gefunden und die Kinder können kaum noch Koreanisch sprechen. Der Film war in Korea nicht besonders erfolgreich. Die Moral der Geschichte stößt in Korea im Moment auf taube Ohren. Wer will schon hören, dass »ein glückliches Leben« eventuell wichtiger sein könnte als perfekte Englischkenntnisse?

Erst wenn der Chef geht, ist Feierabend

Es war Freitagabend, 23 Uhr. Ich saß mit Joe in einer schäbigen Studentenbar, die ich mochte, weil sie mich an Friedrichshain erinnerte. Er trank Bier, ich Wodka-Cocktails. Wir unterhielten uns – bis Joes Telefon klingelte. In Korea hat fast niemand mehr – außer ein paar altmodischen Ausländern – einen einfachen Klingelton. Bei eingehenden Anrufen werden Lieder gespielt. Viele teilen die Anrufer nach Gruppen ein: Joe hatte unterschiedliche Lieder für seine Freunde, Familie, Kollegen und für mich. Als eine ätherische Frauenstimme »This is not a love song« hauchte, wusste ich sofort, dass der Anruf von Joes Firma kam. Joe antwortete freundlich und dienstbeflissen und gab schließlich eine Telefonnummer durch.

»Warum rufen sie dich noch so spät an?«, wollte ich wissen.

»Eine Kollegin braucht die Telefonnummer eines Professors, den wir zu einem Symposium nach Taiwan geschickt haben«, sagte er.

»Um 23 Uhr?«

»Was weiß ich? Ich verstehe sowieso nicht, wozu sie die Nummer braucht. Der Professor hat gesagt, dass er in Taiwan sein Telefon nicht benutzen wird.«

»Warum hast du ihr die Nummer dann gegeben?«

»Weil sie darauf bestanden hat.«

Für mich machte das alles keinen Sinn. Ich vermutete, dass diese Kollegin privat an Joe interessiert war und einfach wissen wollte, was er Freitagabend machte. Er behauptete aber, das sei Unsinn.

Kurz nachdem ich nach Korea gekommen war, hatte Joe angefangen, für eine amerikanische Firma zu arbeiten. Ich hatte noch nie davon gehört, dass in westlichen Firmen Angestellte zu jeder Tages- und Nachtzeit angerufen werden. Also vermutete ich, dass es sich um eine Besonderheit der koreanischen Geschäftskultur handelte, die auch ausländische Firmen in Korea praktizierten. Angestellte haben zu jeder Zeit verfügbar zu sein und müssen auch schon einmal ihr Privatleben hinter den Interessen der Firma zurückstellen. Wenn ein Geschäftsessen kurzfristig angesetzt wird, muss jede private Verabredung, egal wie wichtig sie sein mag, abgesagt werden. So manches koreanische Kind hat schon bittere Tränen vergossen, weil sein Vater nicht, wie versprochen, zu Schulaufführungen, Ballettabenden und Preisverleihungen kommen konnte. Der Vater wurde in der Firma aufgehalten oder von seinem Vorgesetzten gezwungen, mit ihm nach Feierabend trinken zu gehen.

Das Leben koreanischer Arbeitnehmer wird von den Launen ihrer Chefs bestimmt. Flache Hierarchien sind in Korea unbekannt. Koreanische Chefs regieren wie kleine Diktatoren ihr Büro. Was sie sagen, wird nicht als Vorschlag oder Anregung angesehen, sondern als Gesetz. Dienstältere zu duzen oder mit Vornamen anzusprechen, ist undenkbar. Mit Vorgesetzten wird im Honorativ, in der höchsten Höflichkeitsstufe, gesprochen. Abends verlässt vor dem Chef niemand das Büro. Erst wenn der Chef geht, ist Feierabend.

Das Gleiche gilt für Geschäftsessen und Firmenveranstaltungen. Die Dienstältesten haben das Privileg zu kommen und zu gehen, wie es ihnen gefällt. Berufsanfänger sind die schwächsten Glieder und haben weder Privilegien noch Rechte. Sie müssen warten, bis alle Ranghöheren nach Hause gegangen sind, erst dann dürfen sie sich selbst auf den Heimweg machen. Manchmal warten sie ziemlich lange. Merkwürdigerweise haben viele koreanische Chefs keine Lust, früh nach Hause zu gehen. »Mein Chef kommt mit seiner Frau nicht klar«, erklärte mir mein Freund Arnaud. Er arbeitete für die koreanische Niederlassung einer französischen Firma, die Brillengläser herstellt. »Er versucht, seiner Frau so gut es geht aus dem Weg zu gehen. Eigentlich scheint er überhaupt kein Privatleben zu haben – keine Freunde, keine Hobbys, nichts. Er langweilt sich abends einfach, deshalb schlägt er dauernd Geschäftsessen vor.« Als einer der wenigen Ausländer in der Firma hatte Arnaud einen Sonderstatus, den er ausnutzte. Wenn er keine Lust hatte auf Abendessen oder Wochenendaktivitäten mit seinem Chef und den Kollegen, behauptete er einfach, andere Pläne zu haben. Von einem Ausländer wird so eine Entschuldigung akzeptiert – wenn auch mit der süffisanten Bemerkung, Europäer seien eben sehr »individualistisch«. In Korea ist »individualistisch« ein Synonym für »egoistisch«.

Für Arnauds koreanische Kollegen gab es kein Entrinnen. Wenn der Chef einmal wieder seiner Frau aus dem Weg gehen wollte, mussten sie ihm zu Diensten sein. Einmal organisierte Arnauds Chef einen Firmenausflug auf die Insel Jeju. Im Sommer ist Jeju ein tropisches Ferienparadies, dieser Ausflug sollte jedoch im Winter stattfinden. Arnauds Chef teilte die Leidenschaften viele Koreaner: Barbecue und Musik. Er schlug vor, am Strand zu grillen und Lieder zu singen. In Jeju fällt im Winter zwar kein Schnee, aber es kühlt sich merklich ab. Die Angestellten fanden eine Ausrede und der Chef saß abends alleine in der Kälte am Strand. Am nächsten Tag rächte er sich. Er besorgte eine höllisch-scharfe Chilisoße und schlug ein »Spiel« vor. Da die Angestellten wussten, dass sie den Chef verärgert hatten, traute sich niemand abzulehnen.

Das »Spiel« bestand darin, dass der Chef seinen Finger in die Chilisoße tauchte und jeder Angestellte, schön der Reihe nach, nach vorne kommen und den Finger ablecken musste. Niemand fand das lustig. Doch egal wie eklig oder absurd die Spielchen sind, die sich koreanische Chefs ausdenken, sie stoßen selten auf Widerstand.

In Korea hat ein Arbeitnehmer nur begrenzte Rechte. Wer mehr Geld, mehr Freizeit oder mehr Respekt von seinem Chef möchte, wird meist recht deutlich darauf hingewiesen, dass man jederzeit einen neuen, weniger widerspenstigen Angestellten finden könne. Und meist stimmt das auch. Das Sozialsystem in Korea oder vielmehr das weitgehende Fehlen eines Sozialsystems macht Renitenz schwierig, wenn nicht sogar unmöglich. Wer in Korea seine Arbeit verliert, ist mehr oder weniger auf die Unterstützung seiner Familie angewiesen. Solange die Familie bereit oder überhaupt in der Lage ist, diese zu gewähren, ist das Problem noch überschaubar. Wer jedoch nicht aus einer wohlhabenden Familie kommt, überlegt es sich zweimal, ob er es auf eine Konfrontation mit seinem Chef ankommen lässt oder nicht. Die meisten koreanischen Chefs sind sich dieser Situation bewusst und nützen die missliche Lage ihrer Angestellten schamlos aus.

In Korea werden Angestellte häufig mit Arbeit überschüttet, weil man der Meinung ist, Überforderung sporne zu Höchstleistungen an. Offiziell wird in koreanischen Firmen von neun Uhr morgens bis sechs Uhr abends gearbeitet. Die vertraglich festgesetzten Konditionen und die Realität des Büroalltags haben oft jedoch wenig miteinander zu tun. Mancher deutsche Chef würde sich vielleicht Angestellte mit koreanischem Arbeitsethos wünschen. In Korea gilt Faulheit fast als Sünde. Koreanische Angestellte lassen eine angefangene Arbeit nicht einfach liegen und gehen nicht um Punkt sechs Uhr nach Hause.

Manchmal, wenn ich spätabends von einer Party mit der U-Bahn nach Hause fuhr, sah ich abgearbeitete, todmüde Anzugträger, deren Gesichter so grau waren wie ihre Anzüge. Sie schliefen in der U-Bahn vor Erschöpfung ein. Unter der Woche fährt die U-Bahn bis ein Uhr nachts, an Wochenenden bis Mitternacht. Meiner Meinung nach wäre es logischer gewesen, wenn die U-Bahn – wie in Berlin – am Wochenende die ganze Nacht gefahren wäre. Ich fragte Joe, warum der öffentliche

Nahverkehr am Wochenende, wenn die Leute ausgehen, nachts so eingeschränkt war. Er sah mich verdutzt an und sagte: »Weil am Wochenende niemand bis spätnachts arbeitet.«

Als ich nach Korea kam, war mein ursprünglicher Plan, ein paar Monate intensiven Sprachunterricht zu nehmen und dann einen Job zu suchen. Für eine Übergangsphase machte es mir nichts aus, Englisch zu unterrichten. Langfristig schwebte mir aber keine Karriere als Lehrerin vor. Meine Arbeitssuche gestaltete sich jedoch schwieriger als gedacht. Ich stellte meine Bewerbungsunterlagen auf Englisch zusammen und zeigte sie Joe. Er war entsetzt. Ich dachte immer, es gäbe internationale Standards für Bewerbungen, aber offenbar hatte ich mich getäuscht. Ein selbstbewusstes, gut formuliertes Anschreiben und ein Lebenslauf, der die eigenen Qualifikationen realistisch darstellt, waren meiner Ansicht nach Stand der Dinge. Joe zeigte mir einige seiner Bewerbungen und für mich klangen sie – so qualifiziert er auch sein mochte – nach reiner Angeberei. »Du musst der Firma doch erklären, warum du die Beste für diese Position bist und warum sie dich einstellen müssen. Wie sollen sie es denn herausfinden, wenn du das nicht schreibst?« Joes Erklärung hatte eine gewisse Logik. Also fing ich von vorne an.

In Berlin hatte ein talentierter junger Fotograf in Kreuzberg tolle Schwarz-Weiß-Fotos von mir gemacht, die ich normalerweise für Bewerbungen verwendete. Auf den Bildern trug ich den obligatorischen schwarzen Rollkragenpullover, die Uniform der europäischen Kreativszene. Da ich mich in Deutschland für Jobs in den Bereichen Kunst und Kultur beworben hatte, waren diese Fotos passend. »Du musst auf Bewerbungsfotos immer ein Jackett tragen«, belehrte mich Joe, der sich kaum vorstellen konnte, dass jemand so etwas Essenzielles nicht wusste. »Aber ich will mich doch nicht in einer Bank bewerben«, sagte ich. »Es ist egal, wo du dich bewirbst. In Korea trägt man immer einen Anzug oder ein Kostüm, wenn man Bewerbungsfotos macht und auch wenn man zum Vorstellungsgespräch geht.« Wehmütig dachte ich an meine schwarze Nadelstreifenhose und die zimtfarbene Kurzjacke, die ich bei meinem Vorstellungsgespräch in der Berliner PR-Agentur getragen hatte, und an meine graue Hose und die smaragdgrüne Samtjacke, die ich trug, als ich meinen Arbeitsvertrag für den Job im »Ort der Information« unterschrieb. Ich kaufte mir einen langweiligen dunklen Hosenanzug, zog mein konservatives neues Outfit an, ging zum Fotografen und lächelte gequält in die Kamera. Mir gefielen die Fotos nicht, aber ich verschickte sie trotzdem, weil ich mir dachte: in Korea muss man es wie die Koreaner machen. Ich wollte nicht, dass meine Arbeitssuche an so oberflächlichen Dingen wie Kleidung und Foto scheiterte.

Ich schickte meine Unterlagen an deutsche und internationale Firmen und wartete auf Antworten – bekam aber keine einzige. Joe sagte, wenn der Prophet nicht zum Berg kommt, müsse eben der Berg zum Propheten gehen. Ich bereitete mich sorgfältig vor, zog meinen langweiligen dunklen Hosenanzug an und machte mich auf den Weg zu den Büros von Lufthansa, British American Tobacco – beide Unternehmen waren dafür bekannt, dass sie viele kulturelle Veranstaltungen sponserten – und zu einer PR-Agentur, die viele internationale Kunden hatte.

Bei Lufthansa kam ich aus Versehen durch den Hintereingang in die Büros und erschreckte die dort arbeitenden Angestellten derart, dass eine junge Koreanerin zwar bereit war, meine Bewerbungsunterlagen entgegenzunehmen, mich dann aber schnell abwimmelte. Bei British American Tobacco nahm sich eine Angestellte der Personalabteilung viel Zeit für mich, machte mir aber wenig Hoffnungen. Offiziell sei die Arbeitssprache bei British American Tobacco zwar Englisch, aber Bewerber, die nicht fließend Koreanisch sprächen, hätten wenig Chancen. In die Personalabteilung der PR-Agentur drang ich gar nicht erst vor. Die Rezeptionistin gab mir mit deutlichen – und selbst für koreanische Verhältnisse recht unhöflichen – Worten zu verstehen, dass ich unerwünscht war. Kaum war ich wieder zu Hause, schrieb ich eine verärgerte E-Mail an die Personalabteilung der PR-Agentur, in der ich den Vorfall schilderte und erklärte, dass eine grob-unhöfliche Rezeptionistin nicht unbedingt ein gutes Licht auf die Firma werfe. Ich bekam natürlich keine Antwort darauf.

Nach langer Suche fand ich eine koreanische Marketingagentur, die mich einstellen wollte. Ich sollte die Korrespondenz mit einer Partneragentur in Singapur übernehmen und Texte auf Englisch schreiben. Ich musste von einem Tag auf den anderen anfangen, weil das Projekt dringend war. In der Agentur gab es zwar drei Angestellte, die passabel Englisch sprachen, aber nicht in der Lage waren, fehlerfreie Texte zu schreiben und panische Angst vor Telefonaten auf Englisch hatten. Nach einigen Monaten in Korea war ich an die koreanische Ungeduld gewöhnt und wusste, dass »sofort« wirklich sofort bedeutete und nicht einen Monat später. Also fing ich an zu arbeiten, unterschrieb meinen Arbeitsvertrag erst ein paar Tage später und erfuhr dann, dass er eigentlich ungültig war, weil mein Arbeitsvisum zwar beantragt, aber noch nicht ausgestellt war. Meine Arbeit musste als unbezahltes Praktikum deklariert werden, weil ich ohne Arbeitsvisum kein Gehalt bekommen durfte. Ich arbeitete trotzdem, denn ich wollte den Job haben und mir war klar, dass ich ihn wieder verlieren würde, wenn ich mich dem Chef widersetzt hätte.

Nach all den Horrorgeschichten über verrückte Chefs, endlose Überstunden und Wochenendarbeit war ich überrascht, wie angenehm die Arbeitsatmosphäre war. Da ich auf Englisch korrespondierte, konnte kaum jemand meine Arbeit kontrollieren, weil niemand so recht verstand, was ich schrieb. Ich durfte jeden Tag um sechs Uhr gehen, weil ich abends Koreanischunterricht hatte. Als einzige Ausländerin hatte ich Privilegien und man akzeptierte, dass ich früh ging. Nur einmal sagte einer der Vorgesetzten süffisant, dass ich offenbar »sehr fleißig lernte« – was im Klartext bedeutete, seiner Meinung nach sollte ich lieber mehr Energie auf die Arbeit und weniger auf das Sprachstudium verwenden.

Die ersten Wochen verliefen unkompliziert. Ich verstand mich gut mit den Kollegen und mein Koreanisch machte deutliche Fortschritte. Die Zeit verging und ich hatte immer noch kein Arbeitsvisum bekommen. Die Visaregelungen in Korea sind streng. Eine Firma, die Ausländer anstellen möchte, muss nachweisen, dass die ausländischen Arbeitskräfte wirklich benötigt werden. Sollten die Beweise nicht ausreichen und die Einwanderungsbehörde der Ansicht sein, dass auch ein Koreaner mit Fremdsprachenkenntnissen die gleichen Aufgaben erfüllen könnte, wird das Arbeitsvisum nicht erteilt.

Dieser Fall war bei mir eingetreten. Egal wie die Chefs der Marketingagentur argumentierten, die Behörde ließ sich nicht davon überzeugen, dass ich gebraucht wurde. Ehrlich gesagt, war ich mir selbst manchmal nicht so sicher, ob ich in der Firma wirklich als Arbeitskraft oder nur als Staffage angesehen wurde. In den ersten zwei Wochen hatte ich durch die Korrespondenz mit der Agentur in Singapur viel zu tun. Nachdem das Projekt abgeschlossen war, kam es vor, dass ich den ganzen Tag nichts zu tun hatte und verzweifelt versuchte, beschäftigt auszusehen. An manchen Tagen konnte ich mich nur fünf Minuten lang für eine E-Mail nützlich machen. Offenbar dachten auch einige meiner Vorgesetzten, ich sei unnütz, aber dekorativ und nannten mich ständig »die schöne Vera« – was ich für ziemlich unpassend hielt.

Als der Antrag auf mein Arbeitsvisum zum dritten Mal abgewiesen wurde, verließ ich die Firma, weil klar war, dass es nie eine legale Grundlage für meine Arbeit geben würde und ich nicht unbegrenzt unbezahlt arbeiten konnte. Ich schrieb mich wieder als Vollzeitstudentin an der Ewha-Universität ein. Mit dem Studentenvisum durfte ich Teilzeitjobs annehmen, für die ich ein zusätzliches Visum bekam. Manchmal arbeitete ich mehr, als ich lernte, und nach einigen Monaten war mein Pass voll mit koreanischen Visa. Ich unternahm mehrere Versuche, einen Vollzeitjob zu finden. Leider sind in Korea die strengen Visaregelungen oft nur ein Vorwand, um Arbeit suchende Ausländer auszunutzen. Zwei Monate lang machte ich nach meinem Sprachunterricht Übersetzungsarbeiten für eine Filmproduktionsfirma. Der Chef versprach mir, er werde sich um das Visum kümmern und mich später bezahlen. Vielleicht kannte sich in der Firma wirklich niemand mit den Visavorschriften aus und es war nur ein Versehen, aber auch nach zwei Monaten unbezahlter Arbeit bekam ich natürlich kein Visum.

Viele koreanische Firmen machen formale Fehler beim Antrag und schon alleine deshalb wird er oft abgelehnt. Andere Firmen wissen, wie viel Papierkram hinter einem Visumsantrag steht und lehnen es von vorneherein ab, Ausländer einzustellen, die nicht mit Koreanern verheiratet sind – und deshalb einen anderen Status haben – oder koreanischer Abstammung sind.

Allerdings ist Bürokratie keine koreanische Eigenart. Wie viele meiner koreanischen Freunde süffisant, aber nicht ganz unrichtig bemerkten, ist die Situation für Koreaner in Deutschland und in anderen westlichen Ländern ähnlich.

Als ich mich mit Sheila einmal über die Arbeitsmarktprobleme in Korea unterhielt, sagte sie: »In Korea hast du nur eine Chance, wenn du etwas zu verkaufen hast, das sie interessiert.« Wir wussten beide, was das war: Fremdsprachenkenntnisse und ein weißes Gesicht. Beides war in Korea vor allem für eine Branche interessant: das koreanische Fernsehen. Kurz nach dem Gespräch mit Sheila wurde ich durch Zufall für eine Fernsehshow gecastet.

Die tratschenden Schönheiten

Erst als ich die Kamera entdeckte, bereute ich meine Gutmütigkeit. Ich war gerade mit meiner Freundin Berangère aus dem Koreanischunterricht gekommen, als mir in der Lobby des Ewha-Sprachzentrums zwei junge Koreanerinnen auffielen. Sie hatten ein Klemmbrett mit Papieren bei sich und sahen so aus, als ob sie eine Umfrage machen wollten. Da ich aus eigener Erfahrung wusste, wie schwierig es ist, Studienteilnehmer zu finden, bin ich immer sehr kooperativ.

Am Abend zuvor hatte ich mit Berangère und einigen ihrer Freunde in einer Bar mehrere Gin Tonics und Tequila Shots getrunken. Die Nachwirkungen des Abends waren noch zu spüren – in Form von dumpfen Kopfschmerzen und leichter Begriffsstutzigkeit. Erst als eine der beiden jungen Koreanerinnen mir erklärte, sie kämen von dem Fernsehsender KBS, entdeckte ich die Kamera und begriff, dass ich gefilmt wurde.

Die beiden arbeiteten im Produktionsteam einer wöchentlichen Talkshow, in der junge Ausländerinnen auf Koreanisch über ihre Erfahrungen in Korea und über kulturelle Unterschiede zwischen Korea und ihren jeweiligen Herkunftsländern erzählen. Ich hatte die Sendung einmal gesehen und fand sie unterhaltsam. In der Sendung aufzutreten, konnte ich mir durchaus vorstellen. Nur gab es einen Haken – ich sprach zu dem Zeitpunkt kaum Koreanisch.

Im Unterricht hatten wir vor Kurzem die grammatikalische Struktur für Vergleichssätze gelernt und so sagte ich freundlich: »Im Vergleich zu den Mädchen in der Sendung spreche ich schlecht Koreanisch.« Die beiden KBS-Mitarbeiterinnen schienen zu begreifen, dass es äußerst mühsam war, sich mit mir zu unterhalten. Sie fragten, wie lange ich noch in Korea bleiben würde und ob ich eventuell im Sommer zur Verfügung stünde. Das Wort für »später« kannte ich nicht, so sagte ich auf Englisch: »Ja, später.« Sie notierten meine Telefonnummer und fotografierten mich. Für mich war die Sache damit beendet.

Als ich ein paar Tage später mit Joe und seinem besten Freund zu Abend aß, kam das Gespräch auf diese Talkshow, die enorm erfolgreich ist und zu den fünf beliebtesten Sendungen im koreanischen Fernsehen gehört. Übersetzt heißt der Titel »Die tratschenden Schönheiten« – denn die jungen Ausländerinnen werden vor allem nach ihrem Aussehen ausgewählt. Wie sich herausstellte, war Joes Freund ein großer Fan dieser Sendung. Um mir zu schmeicheln sagte er, ich würde perfekt in diese Sendung passen. Ich erzählte, dass ich gerade von KBS gecastet worden war, aber wegen mangelnder Koreanischkenntnisse abgesagt hatte. Joe und sein Freund erklärten mich für komplett verrückt, KBS sei in Korea wie die BBC in Großbritannien. Wenn man ein Angebot von KBS bekam, konnte man es nicht einfach ablehnen. Ich sagte, dass ich den beiden jungen Koreanerinnen meine Telefonnummer gegeben hatte und sie mich zurückrufen wollten. Joe vermutete: »Das wird nicht passieren. Die Chance hast du vertan.«

Joe hatte unrecht. Fünf Monate nach dem Casting bekam ich einen Anruf von KBS. Ich war mir nicht sicher, ob die junge Koreanerin am anderen Ende der Leitung dieselbe war, die ich an der Ewha getroffen hatte. Sie sprach sehr schnell und ich verstand nur die Hälfte. Sie fragte mich, ob ich in der Zwischenzeit fleißig gelernt hätte. Ich sagte: »Ja!« – was nicht einmal eine Lüge war, denn ich hatte wirklich viel gelernt. Sie fragte mich, ob ich noch Interesse hätte und ob ich einmal ins Studio kommen wollte, um eine Aufzeichnung der Sendung anzusehen. Ich sagte wieder »Ja!« und machte einen Termin mit ihr aus.

Ich vermutete, dass man mit mir einen Kameratest machen wollte, und überlegte hin und her, was ich anziehen sollte. Letztendlich entschied ich mich für einen Jeans-Minirock, ein grüngestreiftes T-Shirt mit grüner Schleife an der linken Schulter und grüne Schuhe. Ich legte mir auch ein paar Standardsätze zurecht, um auf eventuelle Fragen vorbereitet zu sein.

Als ich im Studio ankam, schien aber niemand so recht Zeit für mich zu haben. Ich rief das Mädchen, mit dem ich gesprochen hatte, auf ihrem Handy an. Sie sagte, ich solle warten, es werde bald jemand zu mir kommen. Schließlich nahmen sich zwei Damen meiner an, die sich als »Autorinnen« der Sendung vorstellten. Auf einmal begriff ich, dass das phantastische Koreanisch, das die ausländischen Mädchen in der Sendung sprachen, zum Teil echt war, zum Teil aber einfach ein vorbereiteter Dialog, der auswendig gelernt wurde.

Im Gespräch mit den Autorinnen versuchte ich, meine zurechtgelegten Sätze anzubringen, aber sie waren eigentlich nur an meinem Visumstatus interessiert. Zu dem Zeitpunkt hatte ich gar kein Visum, weil ich mehrmals nach Deutschland gereist und wieder zurückgekommen war und EU-Bürger neunzig Tage visumfrei in Südkorea bleiben dürfen. Die Autorinnen waren entsetzt: »Aber du musst doch ein Studentenvisum haben!« Ich versuchte zu erklären, dass man das Sprachstudium auch ohne Visum machen kann, aber ich war mir nicht sicher, ob sie meine Erklärung verstanden. Sie sagten schließlich: »Melde dich bei uns, wenn du ein Visum hast.« Dann verschwanden sie und ich war mir selbst überlassen. Ich sah mir an, wie die Sendung aufgezeichnet wurde, wobei ich nur begriff, dass es um Wahrsager in Korea ging, weiter konnte ich der Diskussion nicht folgen. Niemand kümmerte sich mehr um mich, und als die Aufzeichnung beendet war, ging ich einfach nach Hause.

Es dauerte Wochen, bis ich mein Visum bekam. Ich musste mich an der Ewha für weitere sechs Monate einschreiben, nachweisen, dass ich über die finanziellen Mittel für meinen

Unterhalt verfügte, Joe musste für mich bürgen und schließlich musste ich mich noch als in Korea lebende Ausländerin registrieren lassen. Nachdem ich meinen Pass mit dem Visum und meine Ausländerregistrierungskarte bekommen hatte, meldete ich mich wieder bei KBS und wurde zu einem weiteren Gesprächstermin eingeladen.

Wieder überlegte ich, was ich anziehen sollte, weil ich der Meinung war, meinen persönlichen Stil zeigen zu müssen. Ich entschied mich für enge Jeans, eine buntgestreifte Babydoll-Bluse, ein schwarzes Jackett und lange schwarze Ohrringe. Am Abend vor dem Termin legte ich mir die Kleider schon zurecht.

Es war Ende Oktober und schon ziemlich kalt. Auch die Moskitos in Seoul fanden es offenbar zu dieser Jahreszeit zu kalt im Freien, denn sie versuchten, in den Häusern zu überleben. Schon mehrmals war ich nachts von surrenden Moskitos geweckt worden. In dieser Nacht war es kein Geräusch, das mich weckte, sondern ein merkwürdiges Gefühl an meiner Lippe – ein Moskito hatte mich in die Lippe gestochen! Ich stand auf und ging ins Badezimmer. Im Spiegel blickte mir ein völlig fremdes Gesicht entgegen. Meine Oberlippe war stark geschwollen. Es war Scarlett Johanssons Mund in meinem Gesicht. Nur leider passten diese wulstigen Lippen überhaupt nicht zu mir. Ich sah aus, als hätte ich eine misslungene Kollagenunterspritzung hinter mir.

Im Kühlschrank fand ich eine kühlende Gelmaske, die aber nicht viel half. Morgens hatte ich immer noch eine überdimensionale Oberlippe. In Korea ist es durchaus üblich, dass sich Starlets für ihre Karriere Schönheitsoperationen unterziehen, aber wenn ich den Eindruck einer missglückten Schönheitsoperation vermittelte, würde das bei KBS vielleicht doch das falsche Signal geben. Ich sah aus wie jemand, der verzweifelt versucht, ins Fernsehen zu kommen!

Ich überlegte, ob ich einfach zu Hause bleiben und den Termin bei KBS absagen sollte. Das erschien mir aber dann doch kindisch, und so riss ich mich zusammen, zog mein sorgfältig ausgewähltes Outfit an und hoffte, niemand würde meine dicke Lippe bemerken. Während des Koreanischunterrichts am Vormittag schien die Schwellung langsam zurückzugehen.

Als ich um 15 Uhr bei KBS ankam, sah ich beinahe normal aus. Die Autorinnen, die ich im Sommer kennengelernt hatte, waren wieder da. Dieses Mal befragten sie mich detaillierter. Sie wollten wissen, wann und warum ich nach Korea gekommen war, was meine Hobbys und mein Lieblingsessen waren. Ich gab zu, dass ich weder besonders gut singen noch tanzen konnte. Sie schienen enttäuscht zu sein und ich hatte das Gefühl, dass sie mich ein bisschen langweilig fanden. Nach dem Gespräch musste ich ein paar Papiere ausfüllen, die benötigt wurden, um ein Zusatzvisum für die Fernsehauftritte zu beantragen.

Einige Wochen vergingen, bis ich das Visum bekam. Dann wurde mir mitgeteilt, wann ich zum ersten Mal auftreten sollte. Die Sendung wurde sonntagnachmittags aufgezeichnet. Schon um 9.30 Uhr sollte ich ins Studio kommen, vermutlich wollte die Stylistin mit mir besprechen, welcher Stil zu mir passte. Auf die Kleider freute ich mich am meisten. Zur Vorbereitung hatte ich die Sendung mehrmals gesehen und dabei war mir aufgefallen, dass die ausländischen Gäste oft Abendkleider trugen. Ich fand das sehr glamourös. Mein Kindheitstraum war es, Abendgarderobe als Berufskleidung zu tragen. Da ich aber weder zur Opernsängerin noch zur Orchestermusikerin Talent hatte, schien dieser Wunsch unerfüllbar zu sein. Der Job beim koreanischen Fernsehen schien diesen Traum aber wieder in greifbare Nähe zu rücken. Schon Tage vor meinem ersten Fernsehauftritt malte ich mir in Gedanken die extravagante Garderobe aus, die ich tragen würde.

Zur Vorbereitung wurden mir auch Fragen über koreanische Touristen im Ausland zugeschickt. Es dauerte sieben Stunden, bis ich alle Fragen beantwortet hatte. Ich versuchte, möglichst witzige Anekdoten wiederzugeben, weil ich wusste, dass die Talkshow eher leichte Unterhaltung als ernsthafte Diskussionsrunde war. Als ich die E-Mail mit meinen Antworten abschickte, war ich mit meiner Leistung sehr zufrieden.

Sonntagmorgen pünktlich um 9.30 Uhr kam ich ins Studio. Zu meiner Überraschung waren mehrere der anderen ausländischen Mädchen schon dort. Da in der Show immer sechzehn junge Ausländerinnen auftraten, dauerte es mehrere Stunden, bis alle geschminkt, frisiert und umgezogen waren – und alle wurden auf 9.30 Uhr bestellt. Manche Mädchen, die schon lange dabei waren, kamen allerdings wesentlich später, weil sie wussten, dass sie im Studio sowieso nur warten mussten, denn es gab nur drei Visagistinnen.

Eine Visagistin winkte mich zu sich. Ich setzte mich auf den Stuhl und sie fing an, mein Gesicht zu untersuchen. Als sie zwei dunkle Leberflecke – einen an meiner linken Schläfe, einen an der linken Seite meines Kinns – fand, murmelte sie etwas Unverständliches vor sich hin. Sie schmierte dick Concealer darauf und dann eine dicke Schicht Make-up auf mein ganzes Gesicht. Ich fand das Make-up zu hell für mich, sagte aber nichts, weil ich wusste, dass Koreaner schneeweiße Haut am schönsten finden und ich mit meiner von Natur aus leicht gelblichen Haut ihrer Meinung nach etwas kosmetischer Nachhilfe bedurfte. Ich schloss die Augen und ließ die Visagistin arbeiten. Sie pinselte und strichelte an mir herum. Als ich die Augen wieder öffnete, staunte ich nicht schlecht. Mein Teint war sehr viel heller als sonst. Die abgedeckten Leberflecke sahen aus wie kleine Warzen. Ich hatte stark überzeichnete Audrey-Hepburn-Augenbrauen, die in meinem Gesicht komisch aussahen. Künstliche Wimpern klebten zwischen meinen eigenen. Das roséfarbene Rouge auf meinen Wagen ließ mich leicht fiebrig wirken. Ich fand, ich sah aus wie ein Clown.

Annabelle aus England beruhigte mich und sagte, alle bekämen ein ähnliches Make-up und im Fernsehen würde es gar nicht so schlimm aussehen, weil wir aus der Distanz gefilmt würden und die Farbe – wie im Theater – geschluckt würde. Was sie sagte machte Sinn. Ich unterhielt mich mit einigen der anderen Mädchen und fand alle sehr sympathisch. Die meisten von ihnen hatten in Korea Prominentenstatus, waren aber trotzdem nett und natürlich.

Ich wurde zum Frisiertisch gerufen. Mit meinen streichholzkurzen Haaren konnte man nicht viel anfangen, dachte ich mir. Die Visagistin versuchte trotzdem, meine kurzen Haare mit dem Lockenstab zu bearbeiten. Dabei verbrannte sie mir die Kopfhaut. Die leichten Wellen, die sie schließlich in meine Haare zauberte, sahen wie eine Oma-Dauerwelle aus.

Lächerliches Make-up, eine lächerliche Frisur – nur ein gutes Outfit konnte das noch retten. Einige der Mädchen, die aus dem Umkleideraum kamen, trugen jedoch keine Abendkleider, sondern ziemlich langweilige Ensembles, die eher nach Sekretärinnengarderobe aussahen. Ich ging zu der Stylistin in den Umkleideraum und sah mir an, was auf der Kleiderstange hing. Ich entdeckte ein rotes Strickkleid, das ganz passabel aussah. »Das rote Kleid, bitte«, sagte ich. Ich wurde sofort zurechtgewiesen: »Hier sucht niemand seine Kleider selbst aus!« Die Stylistin gab mir eine schwarze Hose, die mir zu groß war, ein schlichtes weißes Hemd und ein langweiliges hellblaues Kordjackett mit einem Phantasie-Emblem auf der Brust, das es wie eine Schuluniform aussehen ließ. Ich hatte keine andere Wahl – ich musste die zugeteilten Kleider anziehen. Das Jackett war zu weit und wurde mit Sicherheitsnadeln abgesteckt, um es enger zu machen. Die Nadeln halfen aber nicht viel. Ich sah aus wie ein 14-jähriger britischer Schuljunge mit Transvestiten-Make-up.

Gegen 13 Uhr trafen wir den Moderator zu einer Besprechung. Wir gingen das Skript mit dem vorbereiteten Dialog kurz durch. Ich versuchte, mir meine Dialogzeilen einzuprägen und hörte nicht genau zu, was sonst noch gesagt wurde.

Dann wurden wir auch schon ins Studio geschickt, wo wir Mikrofone bekamen und uns die Plätze zugeteilt wurden. Es war surreal, auf einmal in der Kulisse zu sitzen, die ich im Fernsehen so oft gesehen hatte. Die anderen Mädchen sprachen mir Mut zu – und schon ging es los. Zu meinem größten Entsetzen wurde aber nicht über koreanische Touristen gesprochen, sondern über ganz andere Themen – über koreanische Unterwäsche in winzigen Größen, in die die meisten Ausländerinnen nicht hineinpassen, über Geldanlage in Form von Aktien und Fonds, über Krankenversicherungen, über öffentliche Badehäuser ... Die Themen schienen nicht so recht zusammenzupassen und ich vermutete, dass ich in der Besprechung irgendetwas nicht mitbekommen hatte.

Irgendwie stotterte ich mich durch die Sendung und als ich sie später im Fernsehen sah, fand ich, dass ich aussah wie ein erschrockenes Reh im Scheinwerferlicht. Ich war ein bisschen enttäuscht von mir selbst und hoffte, dass nicht so viele Leute die Sendung gesehen hatten. Aber ich täuschte mich. Als ich am nächsten Tag im Supermarkt einkaufte, sagte die Kassiererin: »Sie waren doch gestern im Fernsehen.« Ich nickte und beeilte mich, den Laden zu verlassen.

Mein Freund Laurent, der im französischen Kulturinstitut arbeitete, schickte mir eine E-Mail mit Links zu Einträgen über mich im Internet. Ich stellte fest, dass ich in die koreanische Version von Wikipedia aufgenommen worden war und dass mehrere Internetzeitungen Artikel über mich veröffentlicht hatten – alle mit einem Bild von mir in dem scheußlichen hellblauen Kordjackett. Unter den Artikeln hatten Leser Kommentare hinterlassen. Einige waren freundlich: »Ganz süß!« »Wirkt sympathisch.« Der Großteil war aber sehr negativ: »Tauscht sie sofort wieder aus!« »Langweilig!« »Was ist das für eine hässliche deutsche Ajumma?« »Die Kurzhaarfrisur ist furchtbar. Sie soll sich erst mal die Haare wachsen lassen und in ein paar Monaten wiederkommen.« »Sie sieht aus wie eine ...« Ich kannte das letzte Wort nicht und konnte es auch in keinem Wörterbuch finden. Als ich Joe danach fragte, weigerte er sich, mir das Wort zu übersetzen. Vermutlich war es ein umgangssprachlicher Ausdruck für »Lesbe«.

Im Internet wurden mein Äußeres und meine Persönlichkeit bis ins letzte Detail diskutiert: Meine Haare waren zu kurz, meine Zähne zu lang, ich war zu klein, zu dünn, zu gebildet, manche sagten, ich sehe alt aus, andere fanden, ich sehe wie ein Teenager aus. Über meine ethnische Herkunft wurde gerätselt, viele Internetnutzer monierten mein »überhaupt nicht deutsches Aussehen«. Ich war entsetzt. In Korea gibt es seit Jahren Probleme mit aggressiven Internetnutzern, die durch immer wiederkehrende gehässige Kommentare sogar mehrere junge Popsängerinnen in den Selbstmord getrieben haben. Es gab eine Initiative für mehr Respekt im Internet, aber sie schien nicht viel zu helfen.

Am Telefon erzählte ich meinem Vater, wie gemein die Fans dieser Talkshow waren und wie beleidigt ich mich fühlte. Mein Vater sagte nur: »Wer sich zu den Hunden legt, muss sich über Flöhe nicht wundern.« Er hatte recht – ich hatte mich auf eine Unterhaltungsshow eingelassen, ich hatte einen Vertrag mit dem Sender unterschrieben und wurde dafür bezahlt, mich im Fernsehen zu produzieren. Also musste ich auch mit gehässigen Kommentaren fertig werden.

Als ich das nächste Mal mit einer der Autorinnen sprach, sagte ich: »Nur weil ich kurze Haare habe, heißt das nicht, dass ich aussehen möchte wie ein kleiner Junge. Kann ich beim nächsten Mal ein Kleid bekommen?« Sie versprach, mit der Stylistin zu reden. In der nächsten Sendung sollten wir uns über das Wetter in Korea unterhalten. Ich erwähnte, dass ich an Regentagen Gummistiefel trug, weil sich auf den unebenen Straßen von Seoul immer riesige Pfützen bilden und ich mir schon einige Schuhe ruiniert hatte. In Korea tragen nur kleine Kinder Gummistiefel. Meine koreanischen Freunde amüsierten sich jedes Mal über mich, wenn sie mich so sahen. Ich wusste, dass die Gummistiefel ein sicherer Gag waren und fragte die Autorin, ob ich sie in der Sendung vorführen dürfe. Sie war sich nicht ganz schlüssig, sagte aber trotzdem Ja.

Als ich das nächste Mal ins Fernsehstudio kam, sagte ich der Visagistin: »Bitte keinen Concealer auf meine Leberflecke!« Sie hielt sich daran. Ich bat sie auch, meine Haare glatt zu lassen. Dieses Mal hatte die Stylistin tatsächlich Abendgarderobe für uns ausgewählt. Ich bekam einen halblangen cremefarbenen Rock, ein paillettenbesetztes Chiffonoberteil in der gleichen Farbe und eine überdimensionale Halskette. »Dieses Mal siehst du nicht aus wie ein kleiner Junge, oder?«, fragte die Stylistin süffisant. Ich versicherte ihr, ich sei mit den Kleidern zufrieden. Das cremefarbene Abendoutfit hätte ich mir vermutlich nicht gekauft, aber im Vergleich zu der abscheulichen Schuluniform war es durchaus ein Fortschritt.

Als wir in der Sendung über das Wetter sprachen, holte ich meine Gummistiefel hervor und zog sie an. Die Kombination von Gummistiefeln und Abendkleid sah lustig aus. Ich alberte mit dem Moderator herum und hatte dieses Mal die Lacher auf meiner Seite. Für einige Wochen war ich im koreanischen Internet das »Rainboots Girl«, und von da an wusste ich, wie Showbusiness funktioniert.

Hallyu – die koreanische Welle

Fragt man westliche Ausländer, warum sie nach Korea gekommen sind, bekommt man meist vage Antworten oder verworrene Geschichten zu hören. Die Antwort vieler asiatischer Ausländer auf die gleiche Frage ist jedoch eindeutig: »Ich bin ein Fan koreanischer Fernsehserien« oder »Ich mag koreanische Musik«. Viele Fans aus anderen Ländern kommen nach Korea, um die Originalschauplätze ihrer Lieblingsserien zu besichtigen. Manche nehmen Koreanischunterricht, nur um die Liedtexte ihrer Lieblingsbands verstehen zu können. Andere streben selbst eine Karriere in der koreanischen Unterhaltungsindustrie an, die – wie »Die tratschenden Schönheiten« beweisen – durchaus an Ausländern interessiert ist.

Dieses Phänomen nennt man »Hallyu« – die koreanische Welle. Ich dachte bei dem Wort immer an die »nouvelle vague«, die »neue Welle«, die in den 1950er und 60er Jahren das französische und damit auch gleichzeitig das europäische Kino revolutionierte. Die koreanische Welle ist jedoch keine Revolution der Avantgarde. In der Regel handelt es sich bei den koreanischen Popkulturexporten um Seifenopern, Popmusik und Filme mehr oder weniger komödiantischen Inhalts. Das Wort Welle steht eher für das plötzlich sprunghaft gestiegene Interesse an koreanischer Popkultur in anderen asiatischen Ländern – allen voran Japan, China und Vietnam – seit den 1990er Jahren. Für Korea bedeutet dieser kulturelle Siegeszug vor allem eine Möglichkeit, sich endlich gegen die ungeliebten Nachbarländer Japan und China zu behaupten.

Bisher ist die koreanische Welle noch nicht nach Europa geschwappt. Ganz unbemerkt blieb sie jedoch nicht. Hallyu und der koreanische Superstar Jung Ji-Hoon alias Bi oder auf Englisch Rain wurden in der ›Frankfurter Allgemeinen Zeitung‹ erwähnt. Koreanische Filme – wie die des Filmemachers Kim Ki-Duk – waren in Deutschland auf der Berlinale und in den Programmkinos durchaus erfolgreich. Bei diesen Kunstfilmen handelt es sich jedoch nicht um die typischen Hallyu-Exporte. In Korea sind beispielsweise Kim Ki-Duks Filme nicht besonders beliebt, sondern gelten als langweilig und prätentiös.

Für die typischen Hallyu-Komödien und Seifenopern findet sich in Deutschland vermutlich kein Markt. Einerseits gibt es in Deutschland schon ein heimisches Überangebot an flacher Unterhaltung, anderseits sind der deutsche und der koreanische Humor völlig unterschiedlich. Koreaner lachen beispielsweise gerne über Männer in Frauenkleidern. Ich fand das nie besonders komisch, weil ich diese Witze eher für einen Ausdruck latenter Homophobie halte. Deutsche Witze dagegen sind vielen Koreanern zu derb. Als ich mit Joe einmal den Film ›Herr Lehmann‹ auf DVD ansah, den ich durchaus amüsant fand, fragte er: »Wieso macht man einen ganzen Film über jemanden, der immer nur Bier trinkt und oft ›Scheiße‹ sagt?« Dagegen wunderte er sich über mich, als ich mir den koreanischen Film ›Marathon‹ über einen jungen Autisten ansah und dabei laut lachte. Ich fand die Situationskomik und die originellen Dialoge so witzig, dass ich mich alleine amüsierte in einem Kino voller Koreaner, die betreten schwiegen – sie fanden den Film traurig.

Mehr noch als verbale Ausrutscher finden die meisten Koreaner die offene Darstellung von Nacktheit in westlichen Filmen eher peinlich. Filme, in denen auch nur ein Stückchen nackte Haut zu sehen ist, werden in Korea erst für Zuschauer über neunzehn Jahren freigegeben. Filme mit extremen Gewaltdarstellungen gelten jedoch als durchaus akzeptabel für ein junges Publikum. Schon die Video-Clips, die Tag und Nacht auf MTV Korea laufen und vor allem von Teenagern konsumiert werden, sind so voller Gewaltszenen, dass ich es nach meinem ersten Monat in Korea aufgab, Musikfernsehen einzuschalten. Die Geschichten der Musikvideos drehen sich oft um tödliche Autounfälle, unheilbare Krankheiten, Selbstmorde, Geisteskrankheit, Vergewaltigung, Bandenkriege und Eifersuchtsdramen. Die brutalen Szenen stehen in starker Diskrepanz zu der sentimentalen Musik. Ich vermute, dass die dramatischen Videos der an sich banalen Popmusik mehr Tiefe verleihen sollen, aber vielleicht ist die Gewaltdarstellung in Musikvideos auch einfach eine Mode, deren Charme sich mir entzieht. Als mir Peter, ein Englischlehrer aus Australien, von immer brutaleren Schlägereien auf dem Schulhof, in die immer jüngere Kinder verwickelt waren, erzählte, fragte ich mich, ob nicht auch die drastischen Gewaltdarstellungen in Film und Fernsehen damit zu tun hatten.

Dass die meisten Hallyu-Produktionen den Sprung ins westliche Ausland nicht schaffen, kümmert in Korea niemanden. Schließlich ist Korea neben Indien der zweite von Hollywood unabhängige Filmmarkt, der vor allem Eigenproduktionen präsentiert. Bis 2006 mussten aufgrund einer Quotenregelung mindestens 40 Prozent koreanische Filme in heimischen Kinos gezeigt werden. Infolge eines Handelsabkommens mit den USA wurde die Quote jedoch später gesenkt. Der Übermacht koreanischer Produktionen tut dies jedoch keinen Abbruch. Nur wenige amerikanische Blockbuster schaffen es in die Top-Ten-Liste der koreanischen Kinohits. Europäische Filme finden nur wenige Liebhaber.

Amerikanern ist Hallyu ein Begriff – schon allein wegen der nicht unerheblichen Zahl koreanischstämmiger Amerikaner, die ebenfalls dem Hallyu-Fieber verfallen sind. Rain gab ein gut besuchtes Konzert im New Yorker Madison Square Garden und bekam kleine Rollen in amerikanischen Filmen. Hollywood-Studios greifen ab und an koreanische Filmstoffe auf und machen Remakes koreanischer Produktionen.

Ich fand Hallyu als kulturelles Phänomen interessant, konnte aber nicht besonders viel damit anfangen. Irgendwann fiel mir jedoch auf, dass die Hallyu-Fans unter meinen Kommilitoninnen an der Ewha wesentlich besser Koreanisch sprachen als ich. Wenn ich sie fragte, was ihnen beim Lernen am meisten geholfen hatte, sagten sie: »Ich höre viel koreanische Musik« oder »Ich sehe jeden Tag koreanische Serien an«. Ich dachte, es sei einen Versuch wert. Das koreanische Musikfernsehen hatte ich schon aufgegeben, weil ich davon Albträume bekommen hatte. Auf Empfehlung koreanischer Freunde kaufte ich mir ein paar koreanische CDs, kopierte die Musik auf meinen MP3-Player und hörte sie mir in der U-Bahn an. Durch die schnulzigen Popballaden erschloss sich mir kein neuer Wortschatz, weil ich sehr schnell das Interesse verlor. Sie gingen mir so auf die Nerven, dass ich die CDs weiterverkaufte und die Lieder von meinem MP3-Player löschte. Die einzige koreanische Musik, die langfristig auf meinem MP3-Player blieb, kam von einer Underground-Band namens Fortune Cookie. Ich hatte die CD nur wegen des Bandnamens und des hübschen CD-Covers gekauft. Die meisten meiner koreanischen Freunde kannten die Band nicht einmal.

Nach der konventionellen koreanischen Popmusik versuchte ich es mit Serien. Schon in Deutschland war ich nicht unbedingt ein Serienfan, aber ich sah gerne amerikanische Sitcoms wie ›Friends‹ und wusste, wenn man sich einmal mit einer Geschichte und den Figuren angefreundet hatte, wurde man süchtig nach der Serie und verfolgte sie fanatisch. Ich schaltete durch die verschiedenen Kanäle und sah mir alles an, was ich finden konnte. Eine Sitcom, die auch Joes Schwestern gefiel, fand ich sehr witzig. Die Schauspieler benutzten aber sehr viel umgangssprachliche Ausdrücke, die ich nicht verstand. Ich versuchte, ein paar unbekannte Wörter zu notieren, aber ich war nie schnell genug und verpasste dann bereits den nächsten Witz. Nach wenigen Folgen gab ich auf, weil ich einfach zu wenig mitbekam.

Bei anderen Serien konnte ich dem Handlungsstrang nicht so recht folgen, weil ich die Hauptdarstellerinnen immer durcheinanderbrachte. In koreanischen Serien treten sehr viele gut aussehende Menschen auf. Dieser optische Anreiz ist der Hauptgrund für den Hallyu-Hype in anderen asiatischen Ländern. Junge Japanerinnen, Chinesinnen oder Vietnamesinnen sehen sich die wunderschönen koreanischen Schauspielerinnen an und stellen sich vor, an ihrer Stelle mit den ebenso schönen Hauptdarstellern ein Rendezvous zu haben. Die Schönheit der Hallyu-Prominenz ist jedoch in den seltensten Fällen natürlich. In dem Szeneviertel Apgujeong befindet sich – ohne Übertreibung – in jedem zweiten Haus ein Schönheitschirurg. Manche dieser Ärzte werben sogar mit ihrer prominenten Kundschaft und versprechen, die Nase des jeweiligen Idols genau reproduzieren zu können. Über den Sinn oder Unsinn der Schönheitschirurgie kann man mit Koreanern sehr interessante Gespräche führen, beim Fernsehen stellte mich das Resultat der kosmetischen Eingriffe jedoch vor ein konkretes Problem: Ich konnte mir nicht merken, welche Serienfigur die gute und welche die böse war – einfach weil sich die Schauspielerinnen zu ähnlich sahen.

Eine Hallyu-Erfahrung der besonderen Art machte ich, als mich ein koreanischer Regisseur kontaktierte, der mich im Fernsehen gesehen hatte. Er plante eine Miniserie über einen koreanischen Schriftsteller, der lange in Deutschland gelebt hatte. Die drei Folgen der Miniserie sollten einen Zeitraum abdecken, der sich etwa von den 1920er bis zu den 50er Jahren erstreckte. Für Nebenrollen wurden Deutsche benötigt. Er fragte mich, ob ich für die Rolle der Freundin des Schriftstellers und für die Rolle einer Schülerin vorsprechen wollte. An dem Tag, für den das Vorsprechen angesetzt war, hatte ich nichts Besonderes vor. Also ging ich hin, las die Dialoge so gut ich konnte vom Blatt und hoffte, dass der Regisseur damit zufrieden war. Meine Schauspielerfahrung beschränkte sich auf Auftritte im Schultheater, aber beim Fernsehen hatte ich zumindest ansatzweise gelernt, wie ich mich vor der Kamera zu präsentieren hatte. Da viele koreanische Seriendarsteller schließlich auch nicht durch überragendes Talent auffallen, hielt ich meine Leistung für durchaus akzeptabel. Der Regisseur sagte jedoch nichts.

Einige Tage später bekam ich per E-Mail Bescheid. Ich hatte die Vorauswahl bestanden. Offenbar war der Regisseur aber weder von meinem schauspielerischen Talent überzeugt, noch von dem der anderen Deutschen, die vorgesprochen hatten. Er verpflichtete uns zu einem einmonatigen Schauspieltraining. Obwohl ich nie ernsthafte schauspielerische Ambitionen hatte, freute ich mich über die Chance, etwas Neues lernen zu dürfen. Ich vermutete, ein Schauspieltrainer würde mit uns Übungen machen – in der Art von »Stell dir vor, du bist ein Elefant …«, »Stell dir vor, du bist eine Eistüte …«, all die albernen Kreativitätsspielchen, von denen Absolventen berühmter Schauspielschulen gleichzeitig amüsiert und genervt berichteten.

Gespannt ging ich zu meiner ersten Schauspielstunde. Es kam aber kein Schauspieltrainer, sondern nur der Regisseur, seine Assistenten und die anderen Deutschen, die ausgewählt worden waren. Wir machten auch keine Übungen, sondern lasen einfach wieder und wieder die Dialoge, die wir eine Woche zuvor bekommen hatten. Wir wussten wenig über die Figuren und über die Zusammenhänge der Geschichte. Das gesamte Drehbuch hatte noch niemand von uns bekommen. Der Regisseur erklärte uns nicht viel. Ich beriet mich mit einer anderen jungen Deutschen, die für dieselben Rollen vorsprach. Auch sie war ratlos. Wir baten den Regisseur, uns das Drehbuch zu geben, damit wir die Geschichte und die Rollen besser verstehen konnten.

Eine Woche später bekamen wir es. Ich las es und war immer

noch ratlos. Die deutschen Dialoge waren so gestelzt, dass sie selbst vor dem historischen Hintergrund des Filmes antiquiert und leblos wirkten. Soweit ich es beurteilen konnte, waren die koreanischen Dialoge kaum besser. Der Redeanteil der beiden jungen Deutschen, die in der Miniserie für den koreanischen Schriftsteller schwärmten, war etwa zur Hälfte in Deutsch und zur anderen Hälfte in Koreanisch. Die koreanischen Sätze waren so schwierig, dass sie mir selbst nach etlichen Monaten Sprachunterricht nur schwer von den Lippen kamen. Meiner Meinung nach war es wenig realistisch, dass zwei junge Deutsche, die nie einen Fuß nach Korea gesetzt hatten, grammatikalisch perfektes Koreanisch auf hohem Sprachniveau beherrschten. Meine Bedenken behielt ich für mich. Was bei dem koreanischen Publikum ankommen würde, wusste der Regisseur sicher besser – und nach dem, was ich im Fernsehen gesehen hatte, schien Realismus in koreanischen TV-Produktionen eine untergeordnete Rolle zu spielen.

Wir trafen uns jeden Samstag zum Schauspieltraining, aber irgendwie schienen wir nicht von der Stelle zu kommen. Unter der Woche hatte ich wenig Zeit, den Text – der fast jede Woche ein bisschen umgeschrieben wurde, ohne dass sich die Qualität verbesserte – zu lernen. Ich konnte verstehen, dass der Regisseur von meinen Fortschritten nicht unbedingt angetan war, aber ich wusste auch nicht, wie ich es besser machen sollte. Für mich waren die Figuren wenig nachvollziehbar und ich fand einfach keinen Zugang zu ihnen. Ich fragte den Regisseur und er sagte lapidar: »Die eine Frauenfigur ist schüchtern. Und die andere ist selbstbewusst und frech.« Das gab mir zwar einen Anhaltspunkt und für eine erfahrene Schauspielerin wäre das vielleicht genug Information gewesen, aber mir half es nicht viel weiter. Als ich wissen wollte, ob ich etwas an der Betonung, an der Intonation, an der Mimik ändern sollte, setzte er zu einer langen Rede auf Koreanisch an, wobei er sich ständig zu wiederholen schien. Die Quintessenz war: »Mehr Intensität!«

Ich dachte an meinen Lieblingsfilm ›Lost in Translation‹ und die Szene, in der der alternde Schauspieler bei einem Werbespotdreh von dem unzufriedenen japanischen Regisseur angeschrien wird. In dem Film gibt die japanische Übersetzerin den Redeschwall des Regisseurs mit »Mehr Intensität!« wieder. Irritiert und leicht genervt versuchte ich, »mehr Intensität« – was auch immer das bedeuten mochte – in die gestelzten Dialoge zu legen, aber ich fürchtete, dass der Regisseur mit Intensität eigentlich Pathos meinte. Er selbst sprach kein Wort Deutsch und vielleicht war ihm einfach entgangen, wie schwulstig der deutsche Text ohnehin war.

Nach der dritten Sitzung sagte ich ihm, dass ich für ein paar Tage nach Japan reisen würde – was stimmte – und für keine weiteren Schauspielstunden mehr zur Verfügung stand. Nach meiner Rückkehr hörte ich nichts mehr von ihm. Mein Ausflug in die koreanische Serienwelt war kurz – aber lang genug, um dabei zu lernen, dass auch banale Serienproduktionen harte Arbeit sind.

Das Glück liegt im Schnapsglas

Eine junge Koreanerin saß mitten auf der Straße. Ihre Freundin versuchte, ihr hochzuhelfen, aber sie war zu schwer und knallte wieder auf den Asphalt. Sie fing an zu weinen. Drei weitere Freundinnen redeten beruhigend auf sie ein, aber sie konnte sich nicht beruhigen. Irgendwann kam ein Mann, vielleicht ihr Freund oder ihr großer Bruder, nahm sie huckepack und brachte sie weg. Sie verlor dabei ihre Schuhe, aber sie schien es nicht mehr zu bemerken.

»Was ist mit ihr? Ist sie krank?«, fragte ich Joe, der mit mir die Szene beobachtet hatte.

»Nein. Nur betrunken.«

Am Wochenende sind in Sinchon solche Szenen keine Seltenheit. In dem Studentenviertel wird wie überall in Korea viel getrunken. Gegen Abend sind die Straßen von Seoul voll mit betrunkenen Geschäftsmännern, betrunkenen jungen Frauen, betrunkenen Senioren ... Einige Monate lang wohnte ich gegenüber von einem Wettbüro. An Wochenenden strömten Scharen von älteren Herren dorthin und wetteten auf Pferde. Einmal fand ich abends einen von ihnen unbeweglich vor meiner Haustür. Ich hielt ihn zuerst für tot, hörte dann aber Atemgeräusche. Ein durchdringender Alkoholgeruch stieg mir in die Nase. Vermutlich hatte er beim Pferderennen viel Geld verloren und seinen Frust in Soju – dem Lieblingsschnaps der Koreaner – ertränkt.

In Korea sind Trunkenbolde gegenüber Abstinenzlern deutlich in der Überzahl. Einmal tauchte ein Artikel im Internet auf, der besagte, dass im Jahr 2006 der Pro-Kopf-Verbrauch von Alkohol in Südkorea bei 25,3 Litern lag. Damit verzeichnete Südkorea weltweit den höchsten Alkoholkonsum – noch vor Russland. Im ebenfalls als trinkfreudig geltenden Deutschland wurden im gleichen Zeitraum laut dieser Statistik nur 5,7 Liter pro Person konsumiert. Wer noch nie mit Koreanern zu tun hatte, mag diese Zahlen kaum glauben. Schließlich lautet ein gängiges Klischee, dass Asiaten Alkohol weder vertragen noch mögen. Asiaten sind aber nicht alle gleich – und Koreaner kennen beim Alkoholkonsum weder Zurückhaltung noch Hemmungen. Korea verfügt über eine ausgeprägte Trinkkultur.

Das Alkoholtrinken gewöhnen sich viele Koreaner während ihrer Studienzeit an. Die Begrüßungsfeier für die Erstsemester beinhaltet einen Initiationsritus der besonderen Art.

»Ein älterer Student brachte eine Bratpfanne, die mit Alkohol gefüllt wurde. Ein Erstsemester wurde nach vorne gerufen und musste die Bratpfanne voll Alkohol austrinken. Dann wurde wieder aufgefüllt und der nächste Student kam an die Reihe. Das ging immer so weiter. Irgendwann war ich dran«, erzählte mir Philia, die koreanische Frau meines Freundes Arnaud. »Ich hatte bis zu diesem Tag noch nie Alkohol getrunken und ich wollte eigentlich auch gar nichts trinken, aber der Gruppendruck war einfach zu stark.«

Philia trank die Bratpfanne aus. Sie konnte sich nicht mehr erinnern, was danach passierte. Sie wusste nur aus Erzählungen, dass jemand ihren älteren Bruder anrief, der sie von der Feier abholte. Schon während der Autofahrt musste Philia sich mehrmals am Straßenrand übergeben, und als er sie in ihre Wohnung hochtrug, übergab sich sie sich auf jedem Treppenabsatz.

»Danach war ich während meiner Studienzeit jedes Wochenende betrunken«, erzählte sie. »Ich hatte jeden Sonntag einen Kater und war zu nichts zu gebrauchen. Irgendwann war es mir das nicht mehr wert.« Heute trinkt Philia fast keinen Alkohol mehr – und ist die einzige koreanische Abstinenzlerin, die ich kenne.

Die Frage, warum Koreaner so viel und so oft entgegen jeder Vernunft trinken, beschäftigte mich. Als ich in der Abschlussklasse des Sprachprogramms an der Ewha-Universität war, schlug ich die koreanische Trinkkultur als Thema für unser gemeinsames Abschlussprojekt vor. Meine Kommilitoninnen fanden das Thema zu eng umgrenzt und wählten schließlich koreanische Mode, Ess- und Wohnkultur aus. Das Trinkverhalten der Koreaner sollte trotzdem zusammen mit Untersuchungen über die koreanische Esskultur behandelt werden.

Zusammen mit Yumi aus Japan führte ich in einer traditionellen koreanischen Kneipe Interviews. Wir befragten drei ältere Herren. Zuerst erkundigten wir uns über ihre Lieblingsalkoholsorten und ihre Trinkgewohnheiten. Dann stellte ich die entscheidende Frage: »Ausländer in Korea stellen oft fest, dass Koreaner sehr viel mehr Alkohol trinken als andere Asiaten. Gibt es dafür eine Erklärung?«

Unser erster Befragungsteilnehmer beantwortete die Frage mit einem Begriff, der Zuneigung, Mitgefühl oder Sympathie bedeuten kann. Er sagte, Koreaner würden durch das gemeinsame Trinken von Alkohol ihre Sympathie füreinander ausdrücken. Mir schien die Erklärung wenig schlüssig. Unser zweiter Interviewpartner sagte: »Koreaner sind ein sehr temperamentvolles Volk. Alle temperamentvollen Völker auf der Welt trinken sehr viel Alkohol – Russen, Iren, Italiener … Ich glaube, da besteht ein Zusammenhang.« Ich hatte zwar gehört und auch gesehen, dass Russen und Iren viel Alkohol tranken. Dass Italiener für übermäßigen Alkoholkonsum bekannt sind, war mir neu. Der dritte ältere Herr sagte schließlich: »Seoul ist eine große Stadt – mit so vielen Menschen. Der Alkohol hilft, mit Fremden in Kontakt zu kommen und sich besser kennenzulernen.«

Ich erzählte Joe von den Ergebnissen unserer Interviews.

Auch er glaubte, dass Koreaner viel Alkohol trinken, um Freundschaften zu schließen. Er verwies dabei auf die unzähligen koreanischen Trinkspiele, die dazu da seien, Hemmungen abzubauen und sich näher zu kommen. Meiner Meinung nach sollten die Trinkspiele sicherstellen, dass man so schnell wie möglich betrunken wird. Als ich Koreaner beim Trinken beobachtete, fiel mir nämlich auf, dass Koreaner nicht in Ruhe ein Glas Wein oder einen Cocktail trinken, sondern verschiedene Schnäpse schnell nacheinander. Soju, der beliebteste und der billigste Alkohol in Korea, hatte früher einen Alkoholgehalt von etwa 25 Prozent. Später wurde er auf 19 Prozent verringert, weil so der quantitative Konsum gesteigert werden konnte und Soju beliebter bei Frauen wurde. Auch wenn Soju kein hochprozentiger Schnaps ist, verursacht er wegen des hohen Anteils an Fuselölen schlimme Kopfschmerzen am nächsten Tag. Trotz des Katers, der regelmäßig auf die Gelage folgt, ist Soju für Koreaner eine Art Nationalheiligtum. Einmal fragte ich Joe, warum Koreaner so viel Soju trinken. Seine Antwort war denkbar einfach, wenn auch nicht gerade logisch: »Weil wir Koreaner sind!«

Sich nur mit Soju zu betrinken, geht vielen Koreanern nicht schnell genug, deswegen wird Soju oft mit anderen Getränken gemischt. Paekseju – ein angeblich gesundheitsfördernder Schnaps, der wörtlich übersetzt »Hundertjahreschnaps« heißt – wird manchmal mit Soju gemischt. Das Ergebnis wird Oshipseju genannt – wörtlich übersetzt »Fünfzigjahreschnaps«. Offensichtlich hebt Soju nicht nur die lebensverlängernde Wirkung des Paekseju auf, sondern verringert sogar die Lebenserwartung. Der Beliebtheit des Getränks tut dies keinen Abbruch. Noch größere Popularität als der Oshipseju genießen die sogenannten Bomb Shots. Koreaner in ausgelassener Feierstimmung kippen oft ein Schnapsglas voll Soju in ein Bier. Der Geschmack ist für die meisten westlichen Ausländer gewöhnungsbedürftig. Mehrere Bomb Shots auf ex zu trinken, ist allerdings die schnellste und effektivste Methode, um sich bei Koreanern Respekt zu verschaffen. Über koreanische Gäste auf der Internationalen Funkausstellung in Berlin wurde kolportiert, dass sie ihre Bomb Shots den lokalen Gegebenheiten anpassten und dem klassischen Gemisch aus Bier und Soju noch den hochprozentigeren Doornkaat hinzufügten.

Warum in Korea ein Trinkverhalten, das man getrost Kampftrinken nennen kann, praktiziert wird, konnte mir niemand beantworten – weder meine Interviewpartner, noch Joe oder meine koreanischen Freunde. Mit der Zeit entwickelte ich eine eigene These. Ich vermutete, dass auf diese Art Stress abgebaut werden soll. Deutsche haben zwar weltweit das Image, viel und hart zu arbeiten, aber in keiner deutschen Großstadt – und auch nicht zu meiner Zeit in New York oder Paris – waren mir so viele dauergestresste und ausgebrannte Büroarbeiter aufgefallen wie in Seoul.

In Seoul lernen Studenten oft beinahe rund um die Uhr. Angestellte arbeiten bis spät in die Nacht. Die Menschenmassen, die einem täglich auf der Straße begegnen, und das Zusammenleben auf engstem Raum tragen auch nicht gerade zur Entspannung bei. Die streng hierarchisch gegliederten Familienstrukturen setzen gestresste Koreaner manchmal noch mehr unter Druck als Studium und Arbeit. Kurz – es gibt in Seoul mehr Gründe gestresst zu sein, als dafür, entspannt sein Leben zu genießen.

Ich fand, dass meine Theorie zumindest nicht ganz falsch sein konnte. Dazu passte auch die Geschichte über eine Gruppe koreanischer Angestellter, die das Trinken rituell in ihren Tagesablauf integriert hatte. Sie konsumierten nach Feierabend ein oder zwei Stunden lang hochprozentige Mischgetränke, bis sie sturzbetrunken waren. Dann gingen sie nach Hause, schliefen sieben oder acht Stunden und erschienen am nächsten Tag leicht verkatert am Arbeitsplatz. So wie manch andere

Angestellte vielleicht jeden Abend zum Stressabbau joggten, ertränkten ihre Kollegen ihren Frust in Soju.

Manchmal ist das heftige Trinken jedoch mit Zwang und Gruppendruck verbunden. In Korea gibt es Trinkregeln, die das hierarchische Denken des Konfuzianismus widerspiegeln. Der Jüngere muss das Glas des Älteren füllen und darauf achten, dass es immer gefüllt bleibt. Wenn jedoch ein Älterer einem Jüngeren ein Glas anbietet, muss der Jüngere es auch annehmen und möglichst auf einen Zug leeren. So passiert es bei Geschäftsessen und Firmenfeiern häufig, dass ältere Trunkenbolde jüngere Angestellte ständig zum Trinken auffordern. Da der Rangniedrigere das angebotene Glas nicht ablehnen darf, bleibt ihm nichts anderes übrig als so lange zu trinken, wie es seinem Vorgesetzten gefällt. Da diese Aufforderung zum Trinken auch eine Art Gunstbeweis ist, trinken viele junge Koreaner bis zum Umfallen oder bis ihr Chef umfällt.

Der Trinkzwang in Korea ist vielen ein Dorn im Auge. Sich den Zechgelagen zu entziehen ist jedoch schwierig. Wer nicht mitmacht, gilt als unhöflich, ungesellig, verstockt, sauertöpfisch – als jemand, mit dem man nichts zu tun haben möchte. Das gilt für Männer wie für Frauen gleichermaßen. Männer, die dem Alkohol nicht zusprechen, werden zudem als unmännlich verlacht. Als Joe sich einmal von einem feuchtfröhlichen Abend mit seinen Kollegen früher verabschiedete als ihm der Rangfolge nach zustand, bemerkte ein Kollege spitzzüngig, Joe sei eben sehr »europäisiert« – was in Korea als Synonym für egoistisch und eigenbrötlerisch gilt. Dieser Fehler passierte ihm kein zweites Mal. Wem an seinem Job und an einem guten Verhältnis zu seinen Kollegen gelegen ist, bleibt bis zum bitteren Ende.

Vor einiger Zeit erstritt sich eine junge Koreanerin Schmerzensgeld in Höhe von umgerechnet 24000 Euro vor Gericht, weil ihr Vorgesetzter sie zum Trinken genötigt hatte. Dieser Vorfall war deutschen Zeitungen eine kleine Randnotiz wert.

Wer die Hintergründe der koreanischen Trinkkultur nicht kennt, kann sich jedoch kaum vorstellen, wie viel Mut zu dieser Klage gehörte. Die junge Frau lehnte sich damit gegen die Mehrheit auf und katapultierte sich ins gesellschaftliche Aus. Verblüffend ist, dass ihr tatsächlich recht gegeben wurde. Was später aus dieser jungen Frau geworden ist, konnte ich leider nicht herausfinden. Ich hoffe für sie, dass sie ihre 24000 Euro gut nutzte, denn ich bin mir relativ sicher, dass sie nach diesem Rechtsstreit von keiner anderen koreanischen Firma mehr angestellt wurde. Vermutlich nahm sie das Geld und fing damit ein neues Leben im Ausland an – etwa in den USA oder Kanada, den Lieblingsländern der koreanischen Auswanderer.

Als die junge Koreanerin gegen den Trinkzwang klagte, griff sie nicht nur ihren Chef an, sondern auch ein Herzstück der koreanischen Kultur. Für die meisten Koreaner ist Schnaps ein fester Bestandteil eines gelungenen Abends, bei einer Aufforderung zum Trinken lassen sich die wenigsten lange bitten. Wie gegrilltes Fleisch und Karaoke gehört Alkohol zu jeder Feier. Einen Anlass zum Trinken gibt es immer. Mein Koreanischlehrer Mr. Park sagte einmal: »Wenn ich gut gelaunt bin, trinke ich mit meinen Freunden Soju und gehe zum Karaoke. Wenn ich schlecht gelaunt bin, trinke ich auch Soju und gehe zum Karaoke.«

Wer mit Koreanern Freundschaft schließen möchte, muss trinkfest sein. Nichts öffnet in Korea die Herzen schneller als ein Glas Schnaps. Ich machte mehrmals die Erfahrung, dass Koreaner, die mir gegenüber skeptisch oder sogar abweisend waren, beim gemeinsamen Trinken ihre Meinung plötzlich änderten und auf einmal die Freundlichkeit in Person waren. Das Schlüsselwort für jeden Koreaaufenthalt heißt »Gunbae!« – übersetzt: »Prost!«

Schwiegermütter und andere Schrecken

»Kannst du ein Lied singen? Auf Koreanisch?«, fragte mich Joes Mutter. Ich schüttelte den Kopf. Sie verlor das Interesse an mir und fing an, mit ihrem jüngsten Enkel koreanische Kinderlieder zu singen. Sie beachtete mich nicht mehr, bis ich mich verabschiedete und nach Hause ging.

»Von meiner Mutter hast du nichts zu erwarten«, hatte mir Joe irgendwann in dem Sommer prophezeit, bevor ich nach Korea kam. »Selbst wenn sie dich mag, wird sie es niemals zeigen. In Korea zeigen alte Leute ihre Zuneigung nicht.« Joe vermutete, dass ich mit seinem Vater und seinen drei älteren Schwestern keine Probleme haben würde, aber seine Mutter würde mich wahrscheinlich links liegen lassen – und so war es auch.

Joes Mutter, eine attraktive Frau Ende fünfzig, sah ich zum ersten Mal bei der Hochzeitsfeier seiner Schwester. Ich begrüßte sie, wie in Korea üblich, mit einer angedeuteten Verbeugung. Sie erwiderte meinen Gruß und lächelte dabei. Die erwartete Katastrophe blieb aus. Ich war überrascht und erleichtert, wie unkompliziert der erste Kontakt war. Einige Wochen später wurde ich zum Abendessen eingeladen.

Die Wohnung von Joes Eltern war anders als ich mir eine koreanische Wohnung vorgestellt hatte. Ich hatte mir eine Wohnung voller traditioneller Holzmöbel ausgemalt – niedrige Tische und Sitzkissen, kunstvoll geschnitzte Schränke und Truhen, Kalligraphien an der Wand. Stattdessen war die Wohnung in westlichem Stil eingerichtet – eine Ansammlung von verschnörkelten Möbeln, riesigen gerahmten Familienfotos und religiösen Symbolen. Joes Eltern sind streng katholisch, und so hingen an den Wänden Kruzifixe, Jesus- und Marienbilder, Bilder des Papstes und Urkunden, die offenbar eine Auszeichnung für besondere Verdienste in der Kirchengemeinde waren.

Ich überreichte Joes Eltern Geschenke, die ich aus Berlin mitgebracht hatte. Deutschen Wein und deutsche Schokolade, eine »Rose von Jericho« für Joes Mutter, weil ich wusste, dass sie Pflanzen mochte, für Joes geschichtsinteressierten Vater ein Buch über das Denkmal für die ermordeten Juden Europas.

Der Abend verlief ruhig. Joes Vater zeigte mir mehrere Fotoalben, auch die Mutter war freundlich, aber ich hatte das Gefühl, dass ich sie langweilte. Alles, wofür sie sich begeisterte – Pflanzen, Bergsteigen, koreanische Lieder, die katholische Kirche –, interessierte mich nicht oder nur sehr wenig. Selbst wenn mein Konversationskoreanisch perfekt gewesen wäre, hätten wir uns vermutlich nicht viel zu sagen gehabt.

»Du musst dich mit dem Vater und den Schwestern verbünden«, hatte mir meine chinesische Freundin Ting Ting geraten, als wir kurz vor meiner Abreise nach Seoul in meiner Berliner Lieblingsbar Cocktails tranken. »Dann kann die Mutter nichts mehr sagen.« Ting Ting erzählte von dem Mythos der bösen Schwiegermutter, der in ganz Asien bekannt sei, und fasste zusammen: »Asiatische Mütter können ganz schön gemein sein.« Ich konnte mir nicht vorstellen, dass asiatische Mütter gemeiner sein sollten als europäische. Mir fielen etliche Beispiele von deutschen Müttern ein, die mit der Freundin oder Frau ihres Sohnes im Kleinkrieg lebten.

Bei jedem Treffen mit Joes Großfamilie versuchte ich, Ting Tings Rat zu folgen. Selbst mit den Ehemännern der Schwestern und ihren Kindern versuchte ich mich anzufreunden – was manchmal schwierig war. Bevor ich nach Korea kam, hatte ich einiges über Konfuzianismus gelesen, angewandten Konfuzianismus lernte ich aber erst in Joes Familie kennen. So waren zum Beispiel einige Familienmitglieder beleidigt, wenn ich die falsche Höflichkeitsstufe verwendete und das Gesagte ungewollt respektlos klang.

Meine vegetarische Ernährung war lange ein großes Thema in Joes Familie. Bei jedem gemeinsamen Essen fand sich mindestens eine Person, die mein Essverhalten kommentierte. Wenn ich erkältet war, hieß es, mein Körper sei geschwächt, weil ich kein Fleisch esse. Wenn ich Magenschmerzen hatte, hieß es, zu viel Gemüse sei schwer verdaulich. Joes Mutter bot mir während meiner ersten Monate in Korea bei jedem gemeinsamen Essen Fleisch an und sagte: »Probier mal, schmeckt gut.« Jedes Mal lehnte ich höflich ab. Sie murmelte etwas auf Koreanisch, das ich nicht verstand, und schob ihrem ältesten Enkel einen Löffel Hackfleisch in den Mund. Der Junge aß den ganzen Abend nichts als Fleisch. Nach einer Weile ging Joes Mutter dazu über, Fleisch in mein Essen zu schmuggeln – in Form von Suppe oder koreanischen Teigtaschen, die sie selbst meisterhaft zubereitete. Zu ihrer Verärgerung lehnte ich auch die Suppe und die Teigtaschen ab.

Joes Mutter hatte, bevor sie mich kennenlernte, noch nie mit einem Ausländer gesprochen. Sie konnte sich nicht vorstellen, dass jemand sich in seinen Gewohnheiten und in seinem Essverhalten so sehr von ihr selbst unterscheiden konnte. Je mehr sie sich bemühte, mich nach ihren Vorstellungen umzupolen, desto mehr frustrierte ich sie, indem ich an meinen Prinzipien festhielt. Je mehr sie mich bedrängte, desto sturer wurde ich. Einige Monate lang vermied ich Familienessen so gut ich konnte und fand immer wieder eine plausible Ausrede, warum ich nicht zum Essen bleiben konnte.

Meine Freundin Whitney, eine Amerikanerin, die mit mir an der Ewha studierte, hatte ein ähnliches Problem. Sie war wegen ihres koreanischen Freundes, den sie in China kennengelernt hatte, nach Korea gekommen. »Seine Familie ist oberflächlich sehr nett zu mir«, sagte sie. »Aber sie geben mir trotzdem ziemlich deutlich zu verstehen, dass sie kein weißes Mädchen für ihren Sohn wollen.« Whitney und ihr Freund wollten gerne heiraten, aber seine Familie bat sie mehrmals zu warten. Sie sagten immer wieder »nächstes Jahr«, und Whitney befürchtete, dass das »nächste Jahr« nie kommen würde.

Mein Problem mit Joes Mutter basierte eher auf dem Gegenteil. Joe eröffnete mir eines Tages, dass seine Mutter von ihm verlangte, mit dreißig zu heiraten. »Weil du Europäerin bist und Europäer heutzutage häufig gar nicht mehr heiraten, denkt sie…«, er vollendete den Satz nicht. »Das heißt, sie möchte, dass du mit mir Schluss machst und eine Koreanerin heiratest, oder? Hat sie schon ein Blind Date für dich arrangiert?« Er antwortete nicht darauf.

»Koreanische Mütter« waren sicher das meistdiskutierte Thema in den Pausen zwischen dem Koreanischunterricht an der Ewha. Wie Whitney und ich waren fast alle ausländischen Studentinnen in den oberen Semestern des Sprachprogramms mit Koreanern liiert. Fast jede konnte eine Geschichte dazu beitragen. Die Erzählungen waren in den seltensten Fällen lustig. Da war zum Beispiel eine junge Chinesin, die kurz vor ihrer Hochzeit mit einem Koreaner von Tag zu Tag dünner wurde und von Tag zu Tag trauriger aussah. Sie besuchte Kurse, um koreanische Küche und Haushaltsführung zu lernen. Sie war rührend bemüht, alles richtig zu machen, aber ihrer zukünftigen Schwiegermutter genügte es nie.

In koreanischen Seifenopern spielt die böse Schwiegermutter oft eine tragende Rolle: hartherzige ältere Damen, die die jungen, schönen Heldinnen tyrannisieren. Die böse Schwiegermutter ist ein Topos, der von Generation zu Generation weitergegeben wird. Die häufigste Erklärung basiert auf der Tatsache, dass böse Schwiegermütter selbst einmal gequälte Schwiegertöchter waren und einfach weitergeben, was sie als junge Frauen schmerzhaft gelernt haben. Traditionell verließen junge Frauen in Korea nicht nur räumlich ihr Elternhaus, sondern wurden mit der Heirat auch Teil der Familie ihres Mannes. Nach den konfuzianischen Regeln mussten sie den Eltern ihres Ehemannes dienen und deren Anweisungen ausführen – was in manchen Fällen in bloße Schikane ausartete. Die jungen Ehefrauen lebten meist im Elternhaus des Mannes und waren aufgrund ihrer Jugend häufig das schwächste Glied in der Familie.

Viele ältere Koreanerinnen haben qualvolle Jahre der Demütigung und der Tyrannei unter der erbarmungslosen Regentschaft einer bösen Schwiegermutter verbracht. Endlich durch ihr fortgeschrittenes Alter zur Respektsperson geworden, nützen sie ihre neu gewonnene Macht aus und setzen die eigenen Schwiegertöchter den gleichen Schikanen aus, unter denen sie einst selbst gelitten haben. Dieser Gedankengang beinhaltet zwar kein Mitgefühl, aber durchaus eine gewisse Logik.

Für koreanische Mütter ist es ausgesprochen frustrierend, wenn die Freundin oder Ehefrau des Sohnes ausgerechnet eine junge Ausländerin ist, die sich einfach nicht schikanieren lässt – die stur auf ihren eigenen Prinzipien beharrt, die keine Ahnung von koreanischer Küche und Hausarbeit hat, die Hosen und kurze Haare trägt und so gar nicht mit dem Idealbild einer devoten Schwiegertochter vereinbar scheint. An manchen Tagen taten mir Joes Mutter und die zukünftigen Schwiegermütter meiner Freundinnen fast leid, weil das 21. Jahrhundert so abrupt mit der Invasion eines Heeres ausländischer Amazonen über sie hereinbrach.

Irgendwann schloss Joes Mutter mit mir Freundschaft. Entweder brauchte sie eine Weile, um sich an mich zu gewöhnen, oder sie begann, sich für mich zu interessieren, weil ich im Fernsehen auftrat.

Eines Abends, kurz nach meinem Fernsehdebut, feierte Joes älteste Schwester ihren Geburtstag bei sich zu Hause. Auch ich wurde zum Essen eingeladen. Ich war überrascht, als ich entdeckte, dass es tatsächlich vegetarisches Essen für mich gab. Joes Schwestern fragten mich über meinen Fernsehauftritt aus. Mein Koreanisch war inzwischen so weit fortgeschritten, dass ich eine Konversation bestreiten konnte. Ich kolportierte Klatsch vom Fernsehsender – der bei den meisten Koreanern auf reges Interesse stößt – und hatte zum ersten Mal das Gefühl, dass sich Joes Familie für etwas interessierte, das ich erzählte.

Nach dem Essen wurde Schnaps getrunken. Koreaner legen wenig Wert auf gute Tischmanieren, aber viel Wert auf Trinketikette. Als Joes Mutter mich aufforderte, mit ihr zu trinken, kam ich ihrem Wunsch nach und schenkte ihr wie vorgeschrieben fleißig nach. Sie war schon heiterer Laune, als meine Mutter mich auf dem Handy anrief. Der Anruf aus Deutschland und die Tatsache, dass ich plötzlich deutsch sprach, faszinierten Joes Mutter.

Nachdem ich aufgelegt hatte, fragte sie mich, wie oft ich mit meiner Mutter telefonierte. »Fast jeden Tag«, sagte ich. Sie kniff mich in die Wangen – so wie es ältere Damen gerne bei Kleinkindern machen – und sagte: »Gutes Kind! Telefonierst so oft mit deiner Mama!«

Im Laufe der feuchtfröhlichen Geburtstagsfeier wurden wir alle zunehmend angeheitert. In meinem Fall profitierten meine Kommunikationsfähigkeiten davon, denn leicht angetrunken sprach ich ein wesentlich flüssigeres Koreanisch als in nüchternem Zustand. Zuerst leerten wir eine Flasche Whisky und dann schenkte Joes Schwager den gesamten Inhalt seiner Hausbar aus. Als wir gingen, wusste niemand mehr, wie viel wir tatsächlich getrunken hatten.

Von diesem Tag an hatte ich keine Probleme mehr mit Joes Mutter.

Seoul – die Stadt, die niemals schläft

Schlaflosigkeit ist für mich in Seoul nahezu ein Dauerzustand. Manchmal gibt es für meine Schlaflosigkeit logische Erklärungen wie Jetlag. Angeblich ist der Jetlag schlimmer, wenn man in West-Ost-Richtung reist als umgekehrt. Meiner Meinung nach stimmt diese Regel. Jedes Mal, wenn ich aus Deutschland nach Korea zurückkomme, leide ich tage- und nächtelang unter Jetlag. Wenn ich von Korea nach Deutschland reise, habe ich keine Probleme. Sheila dagegen klagte über Jetlag bei jedem Kanadabesuch. Zurück in Seoul gewöhnte sie sich schnell wieder an die koreanische Zeit.

Aber auch wenn ich keinen Langstreckenflug hinter mir habe, schlafe ich in Seoul immer schlecht. In koreanischen Häusern sind die Wände dünn. Man kann jedes Geräusch aus der Nachbarwohnung hören. Als ich noch mit Sheila zusammenwohnte, hatten wir Glück, weil wir unseren Geräuschpegel aufeinander abgestimmt hatten und außer uns nur zwei sehr stille Japanerinnen in unserem heruntergekommenen Einfamilienhaus wohnten. Später, als ich alleine in dem winzigen möblierten Zimmer und dann in einer Einzimmerwohnung lebte, wusste ich meine erste Bleibe richtig zu schätzen. Die Absenz von Nachbarn ist zumindest in Seoul ein Luxus, in dessen Genuss nur die wenigsten kommen.

Die von Friedrich Torberg literarisch verewigte Tante Jolesch sagte: »Ein Gast ist ein Tier!« In diesem Sinne dachte ich mir oft, Nachbarn sind wie Tiere – oder eigentlich noch schlimmer. Nachts hörte ich zwar oft die Straßenkatzen miauen, aber in diesen Fällen war mein Mitleid größer als mein Ärger über die Ruhestörung. Katzen sind unter allen Lebewesen in Korea die elendesten Kreaturen. Die Straßenkatzen leiden nicht nur unter Hunger und widrigen Witterungsbedingungen, sondern auch unter der unendlichen Feindseligkeit, die ihnen von menschlicher Seite entgegengebracht wird. Koreaner halten Katzen für dämonische Wesen, die kein bisschen Mitleid verdienen. Straßenkatzen in Seoul werden von Menschen gejagt, gequält und getötet.

Meine Nachbarn, die sich über mich aufregten, weil ich die Katzen vor unserem Haus fütterte, waren die eigentlichen Ruhestörer, nicht die Katzen. Dass ein Hausbewohner nachts volltrunken nach Hause kam, war eher die Regel als die Ausnahme. Es kam vor, dass ein Betrunkener sich lauthals singend auf den Weg in seine Wohnung machte, immer noch singend auf dem Korridor verweilte und in seiner Wohnung mit ungebrochener Lautstärke weitersang – was ich durch die dünnen Wände natürlich hören konnte. Oder die Dame in der Wohnung am anderen Ende des Korridors sperrte ihren Mann aus, der dann auf dem Flur herumschrie – bis sie ihn wieder in die Wohnung ließ. Dort stritten sie lautstark weiter und manchmal hatte ich Angst, dass sie sich gegenseitig umbringen würden.

Verhielten sich die Hausbewohner einigermaßen ruhig, randalierte oder lärmte bestimmt irgendein Betrunkener unten auf der Straße, der aus dem Billardklub im Untergeschoss oder aus einer der nahe gelegenen Kneipen kam. Selbst bei geschlossenem Fenster konnte man den Krach deutlich hören.

Korea ist ein Land der Hochhäuser. Kaum jemand lebt in Einfamilienhäusern. Das negative Image, das Wohnblocks in anderen Ländern anhaftet, ist in Korea unbekannt. Was nicht verwundert, denn viele Wohnblocks sind Luxushochhäuser, die sauber, sicher und schön gestaltet sind. Es gibt ein Gesetz, nach dem jedes Haus mit mehr als sechs Stockwerken – oder nach koreanischer Zählung sieben Stockwerken, denn in Korea gilt das Erdgeschoss als erster Stock – über einen Aufzug verfügen muss. Ich wohnte in einem für koreanische Verhältnisse niedrigen Haus mit genau sieben, beziehungsweise acht Stockwerken. Es gab also einen Aufzug, den ich aber nur benutzte, wenn ich schweres Gepäck zu transportieren hatte oder sehr müde war. Jedes Mal, wenn der Aufzug hielt, ertönte ein Klingelgeräusch. Wenn ich, wie so häufig, nachts nicht schlafen konnte, hörte ich oft eine ganze Serie von Klingeltönen und ich vermutete, dass es mal wieder ein Betrunkener war. So wie kleine Kinder gerne Rolltreppe fahren – rauf und runter, rauf und runter –, ohne eigentlich irgendwo hinzuwollen, hatte ich einen Hausbewohner im Verdacht, dass er nachts aus Spaß Aufzug fuhr. Vermutlich amüsierte er sich dabei bestens, brachte mich aber um den Schlaf.

Nicht einschlafen zu können war eine Sache, nicht ausschlafen zu können eine andere. Ältere Koreaner sind fast ausnahmslos Frühaufsteher. In Korea gilt Faulheit beinahe als Todsünde – und wer gerne lange schläft, wird in Korea eben für faul gehalten. Das beliebteste Hobby älterer Koreaner ist Bergsteigen. Da Korea ein bergiges Land ist, gibt es – sogar in Seoul – genügend Möglichkeiten, dieses Hobby zu praktizieren. Eine eiserne Bergsteigerregel ist offenbar, dass man bereits im Morgengrauen aufbrechen muss. In den frühen Morgenstunden sind die U-Bahnen von Seoul nicht nur mit gestressten Büromenschen, sondern auch mit älteren Hobbybergsteigern gefüllt. So gesund dieses Hobby für Senioren sein mag, wenn man mit ihnen Tür an Tür wohnt, erkennt man auch die Nachteile des Seniorensports.

Ich wurde jedes Mal aus dem Schlaf gerissen, wenn sich meine Nachbarn morgens um fünf Uhr auf ihre nächste Bergtour vorbereiteten. Bevor das ältere Ehepaar aufbrach, war lautes Hantieren im Badezimmer und in der Küche zu hören, sowie Gerumpel und Geschrei auf dem Korridor – die beiden waren offensichtlich schwerhörig, denn sie schrien sich permanent an. Als sie gegen sechs Uhr das Haus verlassen hatten, versuchte ich wieder einzuschlafen. Leider war das genau die Uhrzeit, zu der die Ajumma aus dem Nachbarhaus gerne Streitgespräche am Telefon führte. Ich fragte mich immer, wen sie zu dieser Uhrzeit anrief: einen anderen Frühaufsteher oder jemanden in einer anderen Zeitzone? Aus Rücksicht auf ihre Familie telefonierte sie frühmorgens nicht in der Wohnung, sondern ging auf den Dachgarten hinauf. Leider war das Nachbargebäude niedriger als das Haus, in dem ich wohnte. Der Dachgarten des Nachbarhauses war genau auf der gleichen Höhe wie meine Wohnung. So konnte ich die zankende Ajumma laut und deutlich hören, und sie wiederum hatte während ihres Telefonats noch eine zusätzliche Unterhaltung: Sie konnte einen indiskreten Blick riskieren und sich davon überzeugen, dass die Ausländerin tatsächlich um sechs Uhr noch im Bett lag.

Außer lärmenden Nachbarn gibt es in Seoul noch andere Gründe für Schlaflosigkeit. In Korea werden neue Gebäude in einer verblüffenden Geschwindigkeit hochgezogen. Bauarbeiten, die in Deutschland ein Jahr oder länger dauernd würden, sind in Korea innerhalb weniger Monate erledigt. Ich habe mich oft gefragt, wie es wohl möglich sein kann, so schnell Häuser zu bauen. Die Antwort fand ich eines Nachts heraus: In Korea wird im wahrsten Sinne des Wortes Tag und Nacht gearbeitet!

Es war Sommer. Tagsüber lag die Temperatur bei über dreißig Grad und auch nachts kühlte es sich kaum ab. In Korea werden diese Nächte »die tropischen Nächte« genannt. Ich lag im Bett. Das Fenster stand offen, weil es sonst zu stickig gewesen wäre. Plötzlich hörte ich etwas, das nach einem Bagger klang. Ich sah aus dem Fenster, konnte aber nichts erkennen. Als die Baggergeräusche nicht nachließen, schloss ich das Fenster. Nach wenigen Minuten öffnete ich das Fenster wieder, weil es in der Wohnung einfach zu heiß war. In meiner Wohnung gab es zwar eine Klimaanlage, aber sie war schon lange defekt.

Mir blieb also nichts anderes übrig, als bei offenem Fenster zu schlafen. Ich steckte mir Ohropax in die Ohren. Damit konnte ich den Lärm von der Baustelle zwar noch hören, aber zumindest waren die Geräusche leicht gedämpft. Irgendwann gegen vier Uhr morgens machten die Arbeiter eine mehrstündige Pause und ich schlief ein. Um sieben Uhr musste ich wieder aufstehen.

Einige Wochen lang ging es so weiter. Die Geräusche von Baggern, Betonmischern und Presslufthämmern waren mein Schlaflied. Manchmal baute ich sie in meine Träume ein. Ich träumte bizarre Geschichten über Baustellen und war morgens immer leicht verwirrt.

Tagsüber war ich entsprechend gerädert, hatte dunkle Augenringe und konnte mir beim besten Willen das Gähnen nicht verkneifen. Jedem, dem ich von meinem Unglück erzählte, fiel eine Anekdote zu nächtlichen Bauarbeiten ein – was bewies, dass meine Erfahrung keineswegs eine Ausnahme war. Auch Straßenbauarbeiten werden in Korea bevorzugt nachts durchgeführt, damit tagsüber der Straßenverkehr nicht behindert wird.

In Korea wird ständig irgendwo gebaut. Lärmende Nachbarn wird es auch immer geben. Man kann sich also nur an die Schlaflosigkeit gewöhnen und das Beste daraus machen. Als ich nicht mehr wegen des Koreanischunterrichts früh aufstehen musste, sondern anfing bei einem Radiosender für das Nachmittagsprogramm zu arbeiten, fand ich an der unfreiwilligen Nachtaktivität manchmal sogar Gefallen. Wer schlaflos in Seoul ist, entdeckt ungeahnte Möglichkeiten. Schlafforscher sagen, wer unter Schlaflosigkeit leidet, soll nicht im Bett bleiben und krampfhaft versuchen einzuschlafen, sondern sich eine andere Beschäftigung suchen.

Die erste Beschäftigung, die mir in den Sinn kam, war die naheliegendste: Fernsehen. Ich sah mir amerikanische Sitcoms, koreanische Comedy Shows und mehrere Staffeln ›America's Next Topmodel‹ in Endloswiederholungen an. Bücher und

Zeitschriften, die ich mir aus Deutschland mitgebracht hatte, las ich mehrmals. Englische Bücher, die in Seoul leichter zu bekommen waren als deutsche, sorgten für Unterhaltungsnachschub. Wenn das Lesen nicht müde machte, surfte ich stundenlang im Internet. Ich sah mir Webcam-Bilder vom Palast der Republik in Berlin an, las die Online-Versionen deutscher und britischer Modezeitschriften, sah mir Schuhe an, die es in Korea nicht zu kaufen gab, und erkundigte mich, wie viel der Versand nach Korea wohl kosten würde. Es gab natürlich auch noch die Option, sich die Nächte in Bars und Clubs um die Ohren zu schlagen.

Eigentlich waren das die gleichen Aktivitäten, die mir auch in Berlin durch schlaflose Nächte geholfen hatten. Irgendwann fiel mir auf, dass ich in einer asiatischen Metropole ohne Ladenschlussgesetz lebte und das Potenzial des nächtlichen Unterhaltungsprogramms eigentlich gar nicht richtig ausschöpfte. In Korea entscheidet jeder Geschäftsinhaber selbst, wie lange er sein Geschäft öffnen möchte. Und oft lautet die Entscheidung: vierundzwanzig Stunden!

Es gibt in Korea kleine Gemischtwarenläden, die in etwa über das Sortiment eines guten Tankstellenshops in Deutschland verfügen und immer vierundzwanzig Stunden geöffnet haben. Billige koreanische Restaurants, kleine Kioske und Buden am Straßenrand haben ebenfalls rund um die Uhr geöffnet. Wer mitten in der Nacht Hunger bekommt, findet immer eine Ajumma, die zu der Uhrzeit noch Kimbap (die koreanische Version von Sushi) oder Tteokbokgi (Reiskuchen in einer scharfen Chilisoße) serviert.

Auch die meisten Supermärkte haben nachts geöffnet. Gegen Mitternacht sind nur noch wenige Kunden unterwegs. Man hat den Supermarkt fast für sich alleine. Niemand schubst, niemand schnappt einem die letzte Ananas vor der Nase weg, niemand starrt einen an. Nachdem ich aus der Fernsehshow bekannt war, bevorzugte ich es, nachts einzukaufen, weil es tagsüber immer eine Supermarktverkäuferin oder eine Kundin gab, die sich mit mir zwischen Obst und Gemüse fotografieren lassen wollte.

Wenn die Lebensmitteleinkäufe erledigt waren, blieb noch eine letzte nächtliche Unterhaltung: der Dongdaemun-Kleidermarkt. In Dongdaemun findet man ein ganzes Konglomerat von Kaufhäusern, Läden und Ständen. Doota ist ein Kaufhaus, in dem die schicken jungen Koreanerinnern ein und aus gehen. Dort kann man die neuesten Trends der internationalen und der koreanischen Mode nicht nur kaufen, sondern auch – wenn man Zeit hat – stundenlang begutachten, weil die jungen Mädchen wie Mannequins an einem vorbeispazieren. Etwas preisgünstiger ist APM, wo ich zum ersten Mal das Konzept »Kaufhaus ohne Umkleidekabine« kennenlernte. Wenn man etwas anprobieren möchte, bekommt man von der Verkäuferin eine Art überlangen Rock oder Umhang. Man wickelt sich darin ein, zieht unter dem Umhang seine eigenen Kleider aus und probiert das Kleidungsstück an, das einen interessiert. Mich erinnert das immer an ältere Damen in Ostsee-Strandbädern, die sich so in ihren Badeanzug zwängen.

Kleinere Läden und Stände verkaufen Handtücher, Bettwäsche, Handtaschen, Accessoires und Souvenirs. Nachts hat man den Vorteil, dass das Verkaufspersonal nicht mehr so aggressiv ist wie tagsüber. Eine Eigenart koreanischer Verkäuferinnen besteht darin, dass sie sich potenziellen Kunden an die Fersen heften, ihnen auf Schritt und Tritt folgen und auf sie einreden – egal ob der Kunde den Wortschwall versteht oder nicht. Nimmt man ein Kleidungsstück von der Stange, um es genauer zu betrachten, wird man schon misstrauisch beäugt. Hängt man es wieder weg, rückt die Verkäuferin es zurecht, als habe man irgendeine geheime Ordnung missachtet, die nur sie kennt. Nachts sind die Verkäuferinnen schon leicht schläfrig und gehen mit ihren Kunden insgesamt entspannter und freundlicher um.

So kann man sich in Dongdaemun bis fünf Uhr morgens durch die Angebote der Kaufhäuser und Kleidermärkte wühlen, zwischen all dem Plunder auch ein paar Schätze finden und zwischendurch an einem der Straßenstände kleine Snacks zu sich nehmen. Um fünf Uhr schließt der Dongdaemun-Kleidermarkt für ein paar Stunden. Das ist dann normalerweise auch die Zeit, zu der die Bauarbeiter nicht arbeiten und man endlich für ein paar Stunden schlafen kann. – Und irgendwann werden auch die umfangreichsten Bauarbeiten abgeschlossen.

Nacktsein erlaubt

Stress ist eine Volkskrankheit in Korea, die auf Neuankömmlinge sehr ansteckend wirkt. Wer sich das koreanische Stresssyndrom eingefangen hat, sucht oft auch nach koreanischen Heilmitteln, die Linderung versprechen. Koreanische Antistressmittel gibt es viele. Oft sind es bittere Tees und noch bitterere Säfte. Die beste Medizin gegen Überforderung, Müdigkeit und die Nachwirkungen von übermäßigem Alkoholkonsum ist jedoch eine, die man nicht schlucken kann. Sie heißt Jimjilbang – das koreanische Wort für öffentliches Badehaus.

Das erste Badehaus, das ich besuchte, war in der Nähe der Ewha-Universität. Tagsüber kostete der Eintritt 5000 Won. Wer über Nacht bleiben wollte, musste 8000 Won zahlen. Über Nacht in einem Badehaus zu bleiben, klingt skurril, ist aber eigentlich sehr praktisch. Badehäuser sind in Seoul eine preiswerte Übernachtungsalternative zu Hotels und Motels. Studentenwohnheime haben normalerweise eine Sperrstunde. Wer nicht bis Mitternacht zurückkommt, wird einfach ausgesperrt. Es gibt also nur zwei Möglichkeiten: entweder brav vor Mitternacht nach Hause zu gehen oder die ganze Nacht wegzubleiben. Neben denen, die von ihrer eigentlichen Bleibe ausgesperrt wurden, gibt es diejenigen, die nach Hause gehen könnten, aber einfach zu betrunken sind, um den Weg zu finden. Für die Ausgesperrten und die Sturzbetrunkenen wird das Badehaus zum nächtlichen Zufluchtsort. In Ruheräumen kann man auf bequemen Matratzen schlafen und in den verschiedenen Bade- und Saunaräumen kann man ausnüchtern.

Wie es der Natur eines Badehauses entspricht, ist man während des Aufenthalts im Jimjilbang nackt. Bei meinem ersten Besuch staunte ich also nicht schlecht, als die Dame an der Rezeption mir nicht nur ein winziges Handtuch überreichte, sondern auch ein pinkfarbenes T-Shirt und eine unförmige pinkfarbene Hose – meiner Meinung nach die unvorteilhaftesten Kleidungsstücke, die ich jemals gesehen hatte. Ich fragte, wofür diese pinkfarbene Uniform gedacht sei. Mir wurde erklärt, dass das Badehaus in einen Bereich für Männer, einen für Frauen und einen gemischtgeschlechtlichen Bereich eingeteilt sei. Die Uniform trug man, wenn man Letzteren betrat. Das erschien mir logisch, denn ich hatte von mehreren Koreanern gehört, dass sie aus Versehen bei einem Deutschlandbesuch in eine gemischtgeschlechtliche Sauna hineingeraten waren – die für sie offensichtlich ein unbekanntes Konzept war. Eine meiner koreanischen Freundinnen sagte: »Das war der totale Kulturschock!« Ein junger Koreaner, der eine ähnliche Erfahrung gemacht hatte, erzählte mir nervös kichernd, dass er in der Sauna in Deutschland eine Frau mit gespreizten Beinen gesehen habe. Weiter konnte er nicht sprechen, weil ihn der Anblick offenbar traumatisiert hatte. Bei dieser Unterhaltung fragte ich mich, wie wohl der Biologieunterricht an koreanischen Schulen aussieht.

Andere Länder, andere Sitten, dachte ich mir, nahm meine hässliche pinkfarbene Uniform und ging in die Umkleidekabine. Die Umkleideräume für Damen sahen auch nicht anders aus als in jedem durchschnittlichen deutschen Schwimmbad. Ich dachte an die Alte Halle in Charlottenburg, wo ich zu meiner Berliner Zeit manchmal schwimmen gegangen bin und fast immer die einzige Besucherin unter siebzig war. In dem koreanischen Badehaus war es ähnlich. An diesem Tag war nicht viel Betrieb. Außer mir waren nur ein paar ältere Koreanerinnen dort.

Ich zog T-Shirt und Hose an und inspizierte die Räumlichkeiten. Im Untergeschoss entdeckte ich die Wasserbecken und die Saunaräume, im ersten Stock lagen die Herrenumkleidekabinen, im zweiten Stock war der gemischtgeschlechtliche Bereich. Dort gab es einen Kiosk, an dem Snacks verkauft wurden. Das Angebot bestand im Wesentlichen aus Lamyeon, den koreanischen Instantnudeln, und gekochten Eiern. Meine Koreanischlehrerin erzählte mir später, dass Koreaner im Badehaus am liebsten gekochte Eier essen. Eine besondere Erklärung gab es dafür nicht. Sie sagte, Eier zu essen sei einfach Tradition. Die Ruheräume sahen aus wie kleine Hütten. Sie hatten Holztüren, die man nicht offen stehen lassen durfte, denn jeder Raum hatte eine bestimmte Temperatur. Es gab heiße Räume, Räume mit hoher Luftfeuchtigkeit und eiskalte Räume. Wegen der extremen Temperaturbedingungen konnte ich mich in keinem länger als zehn Minuten aufhalten. Man musste wohl schon sehr betrunken sein, um in so einem Raum schlafen zu können. Ich überlegte mir, dass mein Unbehagen vielleicht einfach daran lag, dass ich noch kein Bad genommen hatte.

Zurück in der Damenumkleidekabine, entledigte ich mich meiner hässlichen pinkfarbenen Kleidung und ging – wie nach Vorschrift – splitternackt in die Baderäume für Damen.

Bevor man ein Entspannungsbad nehmen durfte, musste man sich gründlich einseifen und duschen, um sicherzustellen, dass man auch richtig sauber war. Es gab drei große Becken – eines mit heißem Wasser, eines mit kaltem Wasser und eines mit lauwarmem grünen Tee. Ich stieg zuerst in das Heißwasserbecken. An der tiefsten Stelle war es etwa einen Meter tief. Im Becken gab es gekachelte Bänkchen, auf die man sich setzen konnte. Als ich kam, saß eine dickliche Ajumma im Heißwasserbecken. Sobald ich ins Becken stieg, stand sie auf und ging. Ich war mir nicht sicher, ob das Zufall war oder ob ich wieder einmal eine mir unbekannte Regel übertreten hatte. Ich fragte später eine koreanische Freundin und sie versicherte mir, dass ich nichts falsch gemacht hatte. Die Ajumma wollte vermutlich nur nicht mit einer Ausländerin im gleichen Becken sitzen.

Ich blieb, bis ich die Hitze nicht mehr aushalten konnte, dann kühlte ich mich im Kaltwasserbecken ab. Schon nach zwei oder drei Minuten fing ich an zu zittern und wechselte zum Grünen-Tee-Becken, das mir am besten gefiel. Dort blieb ich, bis meine Finger schrumpelig wurden, und beobachtete die anderen Besucherinnen.

Die Ajumma, die meinetwegen aus dem Heißwasserbecken geflüchtet war, saß auf einem kleinen Plastikhocker im Duschbereich und ließ sich von einer anderen Ajumma mit einem Peelingtuch abgestorbene Haut vom Rücken entfernen. Koreaner sind fanatische Anhänger von Körperpeelings. Die Tatsache, dass die meisten Europäer nicht regelmäßig peelen, finden Koreaner in der Regel befremdlich und leicht unhygienisch. Vielleicht war die Ajumma vor mir davongelaufen, weil sie vermutete, dass ich kein Körperpeeling gemacht hatte – was stimmte. In Korea hat das Peeling im Badehaus eine soziale Funktion.

Es kann vorkommen, dass völlig Fremde anbieten, einem den Rücken abzureiben – was dann bedeutet, dass sie mit einem Freundschaft schließen wollen. Meine Freundin Berangère erzählte mir einmal, dass sie, als ihre Eltern aus Frankreich zu Besuch waren, mit ihrer Mutter in ein öffentliches Badehaus ging. Die Ajummas waren wegen der strahlend weißen Haut von Berangères Mutter fasziniert. Sie stritten sich beinahe darum, wer ihr den Rücken abreiben durfte. Mehrere Ajummas traktierten sie mit Peelingtüchern. Berangères Mutter ließ alles geduldig über sich ergehen und traute sich nicht, den Ajummas zu sagen, dass ihr das aufgezwungene Körperpeeling eigentlich alles andere als angenehm war. Irgendwann war ihr Rücken so rot, dass Berangère eingriff und zu den Ajummas auf Koreanisch sagte: »Genug jetzt!«

Mir bot niemand ein Körperpeeling an. Entweder war ich den

Ajummas nicht sympathisch oder meine Haut war nicht weiß genug. Wer niemanden findet, der einem den Rücken abreiben möchte, kann bei den Badehaus-Ajummas ein bezahltes Peeling oder eine Massage bekommen. Die Badehaus-Ajummas lassen sich ganz leicht von den Besucherinnen unterscheiden, weil sie die Einzigen sind, die in den Baderäumen halbbekleidet sein dürfen: Sie tragen – meist schwarze – Unterhosen und BHs. Da der Begriff »Ajumma« ein schon etwas fortgeschrittenes Alter andeutet, ist der Anblick dieser Damen in Unterhosen und BHs oft nicht unbedingt erfreulich. Warum sie nicht einfach Badeanzüge oder etwas anderes tragen, das etwas mehr Haut bedeckt, ist mir immer noch ein Rätsel. Ich spielte mit dem Gedanken, mich massieren oder peelen zu lassen. Dann fiel mir aber ein, dass ich kein Geld dabei hatte, weil ich alles in dem Schließfach in der Umkleidekabine deponiert hatte.

Vielleicht war es auch besser so. Meine Freundin Annabelle erzählte mir später ihre Negativerfahrungen bei einem Körperpeeling im Badehaus. Die Ajumma machte sich mit Feuereifer an die Arbeit, rubbelte Annabelles Rücken kräftig ab. Irgendwann entdeckte sie einen großen, dunklen Leberfleck. Koreaner halten Leberflecke prinzipiell für etwas Hässliches, das auf jeden Fall entfernt werden muss. Offenbar war die Ajumma der Meinung, dass es möglich sei, den Leberfleck einfach wegzureiben oder abzuschaben. Was sie mit aller Kraft versuchte, bis der Leberfleck anfing zu bluten.

Als ich die Geschichte hörte, konnte ich Annabelles Empörung verstehen – vor allem, weil es nicht ungefährlich ist, einen Leberfleck zu verletzen. Trotzdem schüttete ich mich aus vor Lachen, weil die Geschichte drei Elemente enthielt, die ich in Korea besonders amüsant oder irritierend fand: den koreanischen Übereifer, die nicht nachvollziehbare Abscheu vor Leberflecken und die völlige Ignoranz gegenüber biologischen Gegebenheiten, die bei vielen Koreanern zu beobachten ist.

Ich ließ also die Massagen und die Peelings aus und probierte die beiden Saunaräume aus. Der eine Raum war eine normale Dampfsauna, im zweiten Raum kam Wasser wie ein leichter Sprühregen von der Decke. Ich setzte mich auf die Bank und ließ mich langsam nass regnen. Eine andere Frau saß mit dem Rücken zu mir im Schneidersitz auf einer Bank und las ein Buch. Das Papier war von den Wassertropfen aufgeweicht und leicht gewellt.

Um das Angebot des Badehauses voll auszunutzen, badete ich noch einmal im kalten und im heißen Wasser und auch im grünen Tee. In der Umkleidekabine konnte man auf einer Waage kostenlos sein Gewicht überprüfen. Drei Frauen stiegen nacheinander auf die Waage und hatten alle drei den gleichen unzufriedenen Gesichtsausdruck, obwohl sie sehr schlank waren. Das Badehaus stellte auch verschiedene Cremes, Bodylotions und einen Fön zur freien Verfügung. Über dem Fön war ein Schild angebracht: »Bitte nur für Kopfhaar benutzen!« Ich fand den Hinweis komisch und erzählte später Sheila davon. Sie erklärte mir, was es damit auf sich hatte: »Sie nehmen manchmal den Fön, der für die Allgemeinheit gedacht ist, und fönen sich damit zwischen den Beinen!« Ich war verdutzt. Sheila fuhr fort: »Die Koreanerinnen im Badehaus oder im Fitnessclub machen manchmal Sachen in der Öffentlichkeit, die ich nicht mal zu Hause machen würde!«

Ich war verblüfft über die Erkenntnis, dass die sonst eher prüden Koreanerinnen an einem Ort, an dem Nacktsein erlaubt war, auf einmal wie ausgewechselt waren. In Korea gilt ein entblößter Busen als das Anstößigste, was man sich vorstellen kann. Selbst im heißesten Sommer würde sich kaum eine Koreanerin ohne BH vor die Tür wagen. Die meisten BHs, die man in Korea zu kaufen bekommt, sind dick gepolstert. Zuerst vermutete ich, dass viele Koreanerinnen einfach einige Zentimeter Brustumfang dazumogeln wollten – bis mir klar wurde, dass sie die gepolsterten BHs vor allem deswegen trugen, weil sie panische Angst hatten, jemand könnte ihre Brustwarzen sehen. Einmal fragte ich eine koreanische Freundin, warum eine weibliche Brustwarze so viel anstößiger ist als eine männliche – die man in Korea durchaus ab und zu in der Öffentlichkeit sieht. Meine Freundin sah mich an, als hätte ich den Verstand verloren.

Dass Koreanerinnen im Badehaus so viel freizügiger waren, fand ich verblüffend, aber eigentlich verständlich. In restriktiven Gesellschaften wird Nacktheit oft als ein Ausdruck von Freiheit angesehen – was beispielsweise erklärt, warum FKK in Ostdeutschland immer beliebter war als in Westdeutschland. Für mich war es logisch, dass Koreanerinnen mit ihren Kleidern im Badehaus auch einen guten Teil ihrer Hemmungen ablegten und sich anders verhielten als in alltäglichen Situationen.

Auf dem Weg nach draußen konnte ich dann noch ein Rätsel lösen. An den hinteren Bereich der Umkleideräume grenzte ein Ruheraum mit Matratzen. In dem Raum herrschte eine normale Zimmertemperatur, sodass ich mir vorstellen konnte, dort eine Nacht zu verbringen. Es war erst vier Uhr nachmittags. Der Raum war leer – bis auf einen koreanischen Teenager, der auf einer Matratze lag und SMS tippte.

Taekwondo mit Master Ryan

Taekwondo – wenn ich an koreanischen Sport dachte, fiel mir als Erstes die traditionelle Kampfsportart ein. Ich dachte an die gestählten jungen Koreaner, die ich im Fernsehen gesehen hatte, die mit ihren Tritten und Schlägen Holz und Ziegel zerbrachen, die durch die Luft wirbelten und ihren Gegnern geschickt auswichen, bevor sie ihnen den entscheidenden Schlag versetzten.

Ich wollte schon lange Taekwondo lernen, fand in Berlin aber nie die Zeit dafür. Meine Freundin Berangère versicherte mir, Taekwondo diene dem Stressabbau. Ein Versuch konnte nicht schaden. Also meldete ich mich bei der Hoki Taekwondo-Schule für einen Probetag an.

Es war ein Freitagmorgen im August. Die Temperatur lag um neun Uhr schon bei über dreißig Grad und die Luftfeuchtigkeit bei 80 Prozent. Ich hatte, wie so oft, nachts kaum geschlafen. Müde schleppte ich mich zur U-Bahn. Die schwüle Hitze und der dumpfe Geruch von verrottenden Essensresten, die in Plastiktüten am Straßenrand auf die Müllabfuhr warteten, erzeugten bei mir ein leichtes Schwindelgefühl.

Ich folgte der präzisen Wegbeschreibung, die mir ein Taekwondo-Lehrer namens Master Ryan per E-Mail geschickt hatte. Die Wegbeschreibung war auch nötig, denn in Seoul gibt es weder Straßennamen noch erkennbare Hausnummern. Bis heute bewundere ich die koreanischen Postboten, die in diesem Wirrwarr jeden Tag die Post den richtigen Empfängern zustellen.

Hoki Taekwondo befand sich in einem Seitengebäude des War Memorial Museum. Das Museum ist nicht, wie ich ursprünglich annahm, ausschließlich den Opfern des Koreakriegs gewidmet, sondern liefert Informationen über alle Kriege, in die Korea jemals verstrickt war – angefangen bei mongolischen und chinesischen Invasionen und der japanischen Besatzung von 1910 bis 1945, über den Koreakrieg und den Vietnamkrieg, bis zu etlichen Missionen unter UN-Mandat, an denen koreanische Soldaten teilgenommen haben.

Am Tickethäuschen des War Memorial Museum wartete Master Ryans Assistentin auf die Teilnehmer des eintägigen Taekwondo-Programms. Die Gruppe bestand aus sechs japanischen Touristen – darunter ein 8-jähriger Junge und eine Dame um die fünfzig – und mir.

Die Assistentin gab uns weiße Taekwondo-Uniformen und zeigte uns die Umkleideräume. Ich zog mich schnell um, weil ich bemerkte, dass meine Anwesenheit den Japanerinnen unangenehm war. Als wir in den Übungsraum kamen, begrüßte uns Master Ryan und band uns weiße Gürtel – die Gürtel für Anfänger – um. Er selbst trug den schwarzen Gürtel des Meisters. Master Ryan war Ende dreißig. Sein Haar wurde langsam lichter, aber sein Körper war durchtrainiert. Stahlharte Muskeln zeichneten sich unter seinem Trainingsanzug ab.

Wir fingen mit einfachen Dehnübungen an. In Berlin ging ich regelmäßig in eine Yogaschule nach Kreuzberg und hielt mich deswegen für ziemlich beweglich. Beim Taekwondo scheiterte ich aber schon an der Aufwärmung. Ich konnte mein Bein nicht richtig strecken, ich konnte es nicht hoch genug heben und ich konnte keinen der Tritte, die Master Ryan vormachte, auch nur annähernd nachahmen. Nach einer Viertelstunde war ich außer Atem und spürte einen stechenden Schmerz in meinen Oberschenkeln.

Ich gab eine peinliche Figur ab und ein Blick auf die japanische Reisegruppe bestätigte das nur. Angefangen von dem

8-jährigen Jungen bis zu der Dame um die fünfzig führte jeder die Übungen mit mehr Körperspannung, mehr Disziplin und mehr Enthusiasmus aus als ich.

Master Ryan führte uns anschließend Schläge vor und ließ uns an einer Art Sandsack üben. Wir sollten einen martialischen Schrei ausstoßen und dann dem Sack einen Schlag versetzen. Selbst an dieser vermeintlich einfachen Aufgabe scheiterte ich. Mein zaghaftes Krächzen ging nicht als Schrei durch und den Sack verfehlte ich natürlich.

In der nächsten Übungsstufe mussten wir gegeneinander kämpfen. Master Ryan gab uns Helme und einen panzerartigen Schutz für den Körper. Meine erste Gegnerin war eine große, dünne Japanerin, die ein paar Jahre jünger war als ich. Unser Kampf war ein echter Mädchenkampf. Trotz der Schutzkleidung hatten wir beide zu viel Angst davor, einander weh zu tun. Wir tänzelten umeinander herum und imitierten die Schläge und Tritte, die wir gelernt hatten, wie zwei Schauspielerinnen in einem schlechten Actionfilm.

Nachdem ich meinen ersten Kampf nicht gerade ruhmreich hinter mich gebracht hatte, teilte mir Master Ryan meinen nächsten Partner zu: den 8-jährigen Jungen. Zuerst dachte ich, es sei ein Witz. Der kleine Junge war schlecht gelaunt und trotzig, weil er den ganzen Vormittag wenig Aufmerksamkeit bekommen hatte. Der kleine Japaner ging mir mit seinem kindisch schlechten Benehmen zwar auf die Nerven, aber mit seinen abstehenden Ohren und seinen Knopfaugen war er doch ein niedliches Kind. Ich wollte ihn nicht schlagen und stellte mich auf einen zweiten Scheinkampf ein.

Der kleine Japaner war ganz anderer Auffassung. Für ihn war der Übungskampf eine günstige Gelegenheit, den aufgestauten Frust loszuwerden. Wild trat und prügelte er auf mich ein. Er traf mich an der Hüfte, wo mein Körperschutz verrutscht war. In seinem kindlichen Zorn hielt er sich nicht mehr an die Regeln. Es kümmerte ihn nicht mehr, ob er die gelernten

Taekwondo-Tritte und -Schläge ausführte. Er reagierte sich einfach an mir ab. Zum Abschluss trat er mir ans Schienbein und grinste frech. Seine Mutter sagte kein Wort und wich meinem Blick aus. Ich sagte auch nichts und versuchte, mir nicht anmerken zu lassen, dass mir alles weh tat. Von einem 8-Jährigen besiegt zu werden, ist schon lächerlich genug. Ich hielt es für besser, nicht auch noch darüber zu klagen und damit die Blamage komplett zu machen.

Der Tag bei Hoki Taekwondo näherte sich dem Höhepunkt. Master Ryans Assistentin gab ihm ein dickes Holzscheit, das er mit der bloßen Hand spaltete. Master Ryan versicherte uns, es bedürfe jahrelangen Trainings, um dicke Holzscheite zu spalten. Er teilte uns dünne Holzplatten aus und erklärte, dass wir aber nach dem eintägigen Training diese Holzplatten zerschlagen könnten. Ich sah verlegen zur Seite, weil ich bisher bei jedem Test durchgefallen war.

Master Ryan gab uns schwarze Stifte und sagte, wir sollten unsere Wünsche und Träume auf die Holzplatten schreiben, bevor wir sie zerschlugen. Die sechs Japaner begannen sofort, kunstvoll Zeichen auf die Holzplatten zu schreiben. Ich zögerte. Ich wusste nicht, was ich schreiben sollte. Ich wusste gar nicht, was ich wollte, was ich mir wünschte.

Ich überlegte eine Weile. Die Banalität meiner Gedanken erschreckte mich. Mir fiel nichts Poetisches ein. Schließlich beschriftete ich die dünne Holzplatte mit meiner krakeligen Handschrift. Ich schrieb auf Deutsch, weil ich so sicher sein konnte, dass niemand es außer mir lesen konnte. Master Ryan fragte mich, in welcher Sprache ich schrieb. »Deutsch, das ist meine Muttersprache«, sagte ich. Master Ryan schien erstaunt, denn er glaubte, wie so viele Koreaner, dass man in Deutschland englisch spricht.

Meine Wünsche waren so gewöhnlich und phantasielos, dass es mir fast unangenehm war, sie aufgeschrieben zu haben. Meine Einfallslosigkeit zerstörte die Fiktion, die ich mir aufgebaut hatte – die Fiktion anders, besonders, originell zu sein. Vielleicht war das der Zweck der Übung – die Erkenntnis, dass sich im Grunde genommen jeder das Gleiche wünscht.

Master Ryan führte uns vor, wie man die dünnen Holzplatten zerschlug. Ein Kursteilnehmer nach dem anderen spaltete seine Platte. Sogar der kleine Junge. Ich war als Letzte an der Reihe. Auch ich zerteilte die Platte mit einem Schlag in zwei Hälften. Die beiden Hälften fielen knallend zu Boden.

Ich überlegte, was es zu bedeuten hatte, dass man erst seine Wünsche und Träume auf die Holzplatte schreiben musste und sie dann zerbrach.

Andere Formen des Wünschens, die mir an anderen Orten begegnet waren und die ich alle ausprobiert hatte, kamen mir in den Sinn: Wunschbäume, an die man Zettel hängen kann, Steinhaufen, bei denen jedes Steinchen einen Wunsch symbolisiert, Voodoo-Kulte, beschriftete Wunschtafeln und Wunschkacheln aus Ton, Botschaften, die in die Klagemauer gesteckt werden, Heiligenanrufungen, Gebete und Beschwörungen, das Anzünden von Kerzen, das Auspusten von Geburtstagskerzen, das Drachenfliegenlassen …

Vielleicht war die zerbrochene Wunschtafel wirklich nur eine Form des Wünschens, aber ich kam letztendlich zu einem anderen Schluss: Meiner Meinung nach bedeutete das Zerschlagen der Platte auch das Zerschlagen der Wünsche, das Loslösen von Träumen und Ambitionen, das Zerstören des eigenen Egos. Kein Koreaner, dem ich jemals von meiner Taekwondo-Erfahrung erzählte, bestätigte mir meine Theorie. Vielleicht war sie wirklich zu weit hergeholt, zu wirr und zu esoterisch. Die Gedanken, die mir an diesem Augusttag bei Hoki Taekwondo durch den Kopf gingen, waren konfus und exaltiert. So wie ich selbst in Korea oft konfus und exaltiert war.

Alles, was ich später über Korea lernte, schien jedoch meine Theorie zu unterstützen. Der Tigerstaat Korea hatte sich in kürzester Zeit in die Oberliga der Weltwirtschaft gekämpft – ohne Rücksicht auf Verluste. Die rasante wirtschaftliche Entwicklung brachte ein ganzes Heer trauriger Anzugträger hervor, die todmüde in der U-Bahn einschliefen und den Erfolg ihrer Firma über ihr persönliches Glück stellten, denen der Akt des Wünschens so absurd vorkam wie mir in dem Moment, als meine Holzplatte bei Hoki Taekwondo krachend zu Boden fiel.

Der Tag bei Hoki Taekwondo endete mit einer feierlichen Abschlusszeremonie, bei der jedem Teilnehmer ein Zertifikat in einer Samtmappe überreicht wurde. Wir mussten die Mappe mit einer feierlichen Verbeugung annehmen. Das Zertifikat sah eindrucksvoller aus als mein Diplomzeugnis von der FU in Berlin.

Bei der Verabschiedung wollte Master Ryan wissen: »Wie hat es Ihnen gefallen?«

»Gut, aber ich glaube, ich werde nie richtig Taekwondo lernen. Dazu bin ich wohl zu alt und zu steif.«

»Dafür ist man nie zu alt. Das ist nur eine Frage des Trainings.«

Ich verabschiedete mich höflich und ließ mir keine weiteren Trainingsratschläge geben. Ich ahnte schon, dass mir am nächsten Tag jeder Muskel weh tun würde.

In einer Mülltonne am War Memorial Museum entsorgte ich meine zerbrochene Wunschplatte. Ich wunderte mich über mich selbst. Normalerweise war ich eine leidenschaftliche Sammlerin von objets trouvés. Wenn ich in einem Buch aus der Bibliothek ein vergessenes Lesezeichen – einen Einkaufszettel, eine alte Postkarte oder eine Notiz – fand, brachte ich es nie über mich, es einfach in dem Buch zu lassen oder es wegzuwerfen. Wenn ich in einem Fotoautomaten liegen gelassene Passfotos entdeckte, nahm ich sie an mich. Jeder Gegenstand, der mir auch nur einen kleinen Einblick in die Privatsphäre oder in die Gedankenwelt anderer Menschen verschaffte, schien mir unendlich wertvoll und inspirierend. Die zerbrochene Wunschplatte einer anderen Person hätte ich vermutlich als meinen wertvollsten Schatz und mein kuriosestes Objekt aufbewahrt. Der symbolische Wert und die poetische Kraft der zerschlagenen Platte wären einfach zu verführerisch für mich gewesen.

Meine eigene Platte aber warf ich achtlos weg und ging mir die Ausstellung im War Memorial Museum ansehen.

Urlaub auf Koreanisch

Koreaner vergleichen sich selbst oft mit Italienern, ihr Reiseverhalten jedoch ähnelt eher dem, das man den Niederländern nachsagt: Sie packen große Essensvorräte ein und kaufen vor Ort kaum etwas – zumindest keine Lebensmittel. Luxusgüter erwerben sie bei Auslandsreisen dagegen in großen Mengen. In Korea sind importierte Waren absurd teuer, und so wird eine Europareise für Koreaner eher zur Schnäppchenjagd als zur Bildungsreise.

Das Interesse an europäischer Kultur ist ohnehin meist eher oberflächlich und so wird das Kulturprogramm in europäischen Großstädten oft in Form einer eiligen Stadtrundfahrt absolviert. Bei endlosen Fotosessions vor den wichtigsten Sehenswürdigkeiten der Stadt werden Beweise für die Zuhausegebliebenen produziert, die belegen, dass man wirklich weit gereist und weltgewandt ist. Wenn diese Programmpunkte abgehakt sind, kann der Shoppingmarathon beginnen. Auf der Einkaufsliste stehen meist Louis-Vuitton-Taschen und alles, was nach Haute Couture aussieht, aus Frankreich, Prada-Schuhe und Taschen aus Italien, Boss-Anzüge und Zwilling-Messer aus Deutschland, Burberry-Mäntel aus England. Mein Koreanischlehrer Mr. Park erzählte einmal von seiner Studienzeit in England. Er wohnte in der Nähe des Burberry-Fabrikverkaufs und statt sein neu gelerntes Englisch anwenden zu können, musste er ständig koreanischen Touristen auf Koreanisch den Weg zu Burberry erklären.

Fabrikverkäufe und Outlet-Stores sind die Orte in Europa,

die koreanische Touristen magisch anziehen. Spezielle Reiseführer geben Schnäppchenjägern detaillierte Informationen über die Einkaufsmöglichkeiten in dem jeweiligen Land.

Die ersten koreanischen Touristen, die ich bewusst wahrnahm, begegneten mir in Prag. In dem Sommer, bevor ich nach Korea ging, reiste ich mit Joe im Zug durch Osteuropa. In Polen wurde Joes koreanischer Pass für so interessant gehalten, dass ihn acht Grenzbeamte nacheinander begutachten mussten. Polen war also offenbar noch nicht vom koreanischen Massentourismus entdeckt worden. Die meisten Koreaner buchen Pauschalreisen wie »Europa in einer Woche« – was dann eine hektische Tour durch London, Paris und Rom bedeutet. Weite Teile Osteuropas werden meist links liegen gelassen. Deutschland passt oft auch nicht mehr in den knappen Reiseplan. Ich war also mehr als überrascht, als wir in Prag schließlich auf große koreanische Touristengruppen stießen.

Joes Erklärung war denkbar einfach. Prag kam in einer koreanischen TV-Miniserie vor, und so pilgerten Hunderte von koreanischen Touristen an die Moldau, um die Originalschauplätze der sentimentalen Liebesgeschichte zu besichtigen. In der Altstadt trafen wir auf junge Koreanerinnen, die so ziemlich alles kauften, was sie tragen konnten. Da ich wusste, dass die meisten Koreaner europäisches Essen für nahezu ungenießbar halten, fragte ich Joe, wo diese vielen Touristen wohl ihr koreanisches Essen herbekamen und ob sie denn tatsächlich alles von zu Hause mitbrachten. Joe sagte, dass viele koreanische Touristen in »Koreaner-Pensionen« abstiegen.

Koreaner-Pensionen werden von Koreanern geführt, die schon lange in der betreffenden Stadt leben und die Landessprache sprechen. Sie geben den Touristen Auskünfte, Wegbeschreibungen und vor allem kochen sie koreanisches Essen. Koreaner-Pensionen gibt es in jeder größeren europäischen Stadt. Ich hatte noch nie davon gehört – was nicht verwunderte, denn diese Pensionen haben ausschließlich koreanischsprachige Websites, weil sie gar keine Gäste aus anderen Ländern anlocken wollen. Als Joe mir davon erzählte, kam es mir vor, als hätte ich eine geheimnisvolle Parallelgesellschaft entdeckt.

Ich fand das Konzept der Koreaner-Pension so skurril, dass ich dort unbedingt übernachten wollte. Joe kontaktierte eine Pension in Budapest, unserem nächsten Reiseziel. Es gab dort zwar freie Zimmer, aber als Joe sagte, er würde mit einer Deutschen kommen, lehnte die Wirtin ab. Sie sagte, Deutsche seien zu verschieden von Koreanern und noch dazu oft Vegetarier, das sei ihr unangenehm.

In Budapest blieb mir die Koreaner-Pension verschlossen. Später im Sommer reisten wir nach London, weil Joe von dort aus seinen Rückflug nach Korea antreten musste. Er hatte seine Londoner Wohnung bereits aufgegeben. Als wir eine Übernachtungsmöglichkeit suchten, fanden wir eine Koreaner-Pension in Golders Green, die auch bereit war, mich aufzunehmen. Das Haus war ein ganz normales Londoner Einfamilienhaus – außen war alles sehr britisch, innen alles koreanisch. Die Küche war leicht zu finden, weil man nur dem charakteristischen Kimchi-Geruch folgen musste. In der Küche gab es einen Reiskocher und andere Küchengeräte, die ausschließlich von koreanischen Firmen stammten. Auf kleinen Zetteln, die am Kühlschrank und an den Küchenschränken klebten, standen Instruktionen für die Gäste – alles auf Koreanisch. Ich war der einzige nichtkoreanische Gast in der Pension.

Wegen meiner Präsenz fühlten sich allerdings einige der anderen Gäste unwohl. Mehrere junge Koreanerinnen wichen mir aus, so gut es ging. Jedes Mal, wenn ich ihnen auf dem Flur oder in der Küche begegnete, huschten sie in ihr Zimmer zurück. Im Übernachtungspreis war ein koreanisches Frühstück inbegriffen. Zur größten Erleichterung der schüchternen jungen Koreanerinnen nahm ich das Frühstück nicht mit ihnen ein, weil ich am frühen Morgen noch keinen Reis mit Kimchi und Suppe hinunterbringen konnte. Ich trank Tee auf unserem Zimmer und kaufte mir dann an der nächsten Ecke einen Keks.

Für Joe war es bereits die zweite deutsch-koreanische Erfahrung in einer Koreaner-Pension. Als er einen Sommer in Frankreich verbrachte, nahm er seinen deutschen Freund Heiko in Paris mit in eine Koreaner-Pension. Für Heiko war es der erste Kontakt mit einer rein koreanischen Gruppe. Er aß zum ersten Mal koreanisches Essen, das ihm sogar schmeckte. Irgendwann fiel ihm auf, dass die anderen beim Essen schmatzten und hielt das für einen Ausdruck der Wertschätzung für die Kochkünste der Pensionswirtin. Da er sich weder mit den koreanischen Gästen noch mit dem Personal verständigen konnte, versuchte er, genau wie sie beim Essen zu schmatzen, um die Pensionswirtin nicht zu beleidigen. Er bekam es aber nicht hin – seine deutsche Erziehung war ihm so in Fleisch und Blut übergegangen, dass ihm kein lautes Schmatzen über die Lippen kam.

Als ich später in Korea lebte, fiel mir auf, dass die Koreaner-Pensionen in Europa Ähnlichkeiten mit den Studentenpensionen in Seoul hatten: eine resolute Ajumma, die kocht und die Hausbewohner neugierig beobachtet, ein großer Reiskocher und riesige Kimchivorräte in der Küche, junge Koreanerinnen, die, sobald sie ein ausländisches Gesicht erblicken, in ihre Zimmer huschen …

Seit meinem Umzug nach Seoul begegnen mir koreanische Touristen vor allem im Flugzeug, wenn ich auf dem Weg nach Deutschland oder auf dem Rückweg nach Korea bin. Am Flughafen kann man Koreaner von anderen Asiaten leicht unterscheiden: Im Duty-free-Shop kaufen sie große Mengen Schnaps und sprechen auch später im Flugzeug dem kostenlosen Alkohol reichlich zu. Ein weiteres Merkmal koreanischer Reisender ist unübersehbar – ihre Eile. Sobald das Flugzeug landet und noch bevor es seine endgültige Parkposition erreicht hat, stehen die koreanischen Passagiere auf, öffnen die Gepäckfächer und reißen ihre Taschen und Tüten an sich.

Wenn die Türen geöffnet werden, stürmen sie sofort aus dem Flugzeug, als hinge ihr Leben daran. Ich warte normalerweise, bis alle ungeduldigen Koreaner das Flugzeug verlassen haben und mache mich dann gemächlich auf den Weg. An der Gepäckausgabe treffe ich sie sowieso wieder – denn Koreaner reisen nie mit leichtem Gepäck, sondern immer mit riesigen Trolley-Koffern.

So merkwürdig die koreanische Hektik auch sein mag, es gibt durchaus einen Grund dafür: Die meisten Koreaner haben sehr wenig Urlaub und somit keine Zeit zu verlieren. Berufsanfänger in einer koreanischen Firma haben eine Woche oder maximal zehn Tage Urlaub im Jahr. Wer für eine ausländische Firma arbeitet oder sich in einer koreanischen Firma hochgedient hat, bekommt offiziell zwei oder manchmal auch drei Wochen Urlaub. Die Tatsache, dass einem gesetzlich Urlaub zusteht, bedeutet aber nicht, dass man auch wirklich Urlaub nehmen kann. Viele Arbeitnehmer werden von ihren Chefs derart unter Druck gesetzt und mit Arbeit überschüttet, dass sie ihren Urlaub einfach verfallen lassen. Ein Freund von Joe, der bereits mehrere Jahre in einer koreanischen Firma arbeitete, hatte seit seinem Berufseinstieg noch keinen einzigen Urlaubstag genommen.

Als ich einmal mit Joe für eine Woche an die koreanische Ostküste fahren wollte, wurden wir von seinen Verwandten und Bekannten für verrückt erklärt, weil kein Koreaner länger als drei Tage ans Meer fahren würde und eine Woche doch ein übertrieben langer Urlaub sei. Ich dachte wehmütig an die Sommer meiner Kindheit zurück – an lange Sommertage in Frankreich, die ich mit Schwimmen und Lesen am Strand verbrachte, drei Wochen am selben Ort, lange schlafen, die Sonne auf der Haut spüren, ausgetretene Sandalen tragen, Baguette und Fruchttörtchen essen … Meine Idee von einem erholsamen Urlaub ließ sich mit dem koreanischen Konzept von einer gelungenen Reise nur schwer vereinbaren. Joe fuhr schließlich doch für eine Woche mit mir an die Ostküste, verlangte aber mindestens einen Ortswechsel, weil er es zu langweilig fand, eine ganze Woche an einem Ort zu verbringen. Ich stimmte zu. Da sich die schönen Sandstrände an der Ostküste alle relativ ähneln, verstand ich aber trotzdem nicht, warum der Ortswechsel so wichtig war.

Ein anderes Mal brachte ich Joe dazu, mit mir für eine Woche auf die koreanische Ferieninsel Jeju zu fliegen. Jeju wird als das koreanische Hawaii bezeichnet und gilt – zu Recht – als der schönste Teil von Korea. Joes bester Freund besaß auf Jeju eine Ferienwohnung und ein Auto. Er stellte uns beides zur Verfügung. Wir fuhren jeden Tag mit dem Auto zum Strand – jeden Tag an einen anderen, weil Joe auf Abwechslung bestand. Ich wollte nur schwimmen, am Strand herumliegen und Bücher lesen. Joe beschwerte sich, wir würden nie etwas unternehmen und warf mir maßlose Faulheit vor.

Wir fanden schließlich einen Kompromiss. Joe ließ mich morgens ausschlafen. Dafür besichtigten wir am frühen Nachmittag, wenn es zu heiß war, um an den Strand zu gehen, ein Museum oder berühmte Grotten und Tropfsteinhöhlen und gingen erst gegen 15 oder 16 Uhr an den Strand. Ich ließ ihn, weil er offenbar Spaß daran hatte, Hunderte von Fotos machen, auch wenn ich meist nicht in Stimmung war, für ihn zu posieren und dann nur alberne Fratzen schnitt.

Meiner Meinung nach war auf Jeju das Strandleben die eigentliche Attraktion. Auffällig waren die vielen Sonnenschirme, die man an europäischen Stränden nicht in dieser Konzentration gesehen hätte. Koreaner finden sonnengebräunte Haut hässlich. Vor allem junge Koreanerinnen benutzen Sunblocker mit hohem Lichtschutzfaktor, bleiben nach Möglichkeit unter dem Sonnenschirm und tragen, auch wenn sie schwimmen gehen, über ihrem Bikini ein T-Shirt und Shorts. Den Anblick von nahezu vollständig bekleideten Mädchen im Wasser fand ich lustig – allerdings war ich mir nie sicher, ob dieser Aufzug wirklich nur dem Sonnenschutz dienen sollte oder ob es ihnen einfach peinlich war, im Bikini herumzulaufen. Meine koreanischen Freundinnen klärten mich darüber nicht auf. Sie schoben immer den Sonnenschutz vor.

Meine Freundin Whitney erzählte mir von einem Strandausflug, für den sich ihre koreanischen Freundinnen alle hübsche und zum Teil auch sehr teure Bikinis gekauft hatten. Whitney war aber die Einzige, die die Bikinis zu sehen bekam. Am Strand liefen auch Whitneys Freundinnen mit T-Shirt und Shorts herum und ließen sich nicht dazu bewegen, sie auszuziehen.

Auf Jeju war ich eine der Wenigen, die wirklich nur einen Bikini trugen und nichts überzogen. Dafür wurde ich von einer Gruppe gut gelaunter – und vermutlich leicht angetrunkener – koreanischer Herren eingeladen, mit ihnen Schlauchboot zu fahren. Ich fand das Angebot sehr freundlich, aber Joe verbot mir erbost es anzunehmen.

Am Übergang vom Strand zur Straße konnte man sich in kleinen Waschbecken die Füße waschen. In der Nähe eines Luxushotels gab es aber für die Hotelgäste richtige Duschen und einen Hotelangestellten, der einem flauschige weiße Handtücher reichte. Joe wollte unbedingt die komfortablen Duschen benutzen, obwohl wir gar nicht in dem Hotel wohnten. »Du gehst zuerst«, sagte er, »und sprich nur englisch. Wenn dich jemand etwas auf Koreanisch fragt, tust du einfach so, als ob du nichts verstehst.« Ich ging zu den Duschen und begrüßte den Hotelangestellten auf Englisch. Dabei kam ich mir vor wie Jean Seberg in ›Außer Atem‹, als sie den französischen Parkwächter auf Englisch anspricht, um ihn davon abzulenken, dass sie ein gestohlenes Auto fährt. Wie der Parkwächter im Film schöpfte auch der Hotelangestellte auf Jeju keinen Verdacht.

Nachdem wir geduscht und umgezogen waren, schlug Joe vor, das Luxushotel näher anzusehen. Ich hatte Bedenken, dass wir hinausgeworfen würden, weil wir ja nicht dort wohnten. Joe sagte: »Du bist weiß. Jeder wird denken, dass du Hotelgast bist.« Wir gingen also ins Hotel. Niemand hielt uns auf. Wir sahen uns die weiträumige Gartenanlage an, den künstlichen See mit kleinen Booten in der Form von Schwänen, die Cafés und Restaurants und die Bühne, auf der jeden Abend Livemusik gespielt wurde. Irgendwann kamen wir an mehreren Windmühlen vorbei. Ich fragte Joe, was Windmühlen auf Jeju zu suchen haben. Er sagte, sie seien eine Touristenattraktion, weil sie nach Holland aussahen. Offenbar waren wir nicht die Einzigen, die sich in dieses Hotel einschlichen. Eine koreanische Freundin erzählte mir später von einer Familie, die Fotos mit diesen Windmühlen herumzeigte und behauptete, den Sommer in Holland verbracht zu haben. Meine Freundin erkannte den Hintergrund wieder, sagte aber nichts, weil sie die befreundete Familie nicht blamieren wollte.

Durch den Ausflug nach Jeju gewann ich eine völlig neue Perspektive in Bezug auf koreanische Reisende und ihre Urlaubsfotos. Für Koreaner sind das Reiseziel, die Sehenswürdigkeiten und die Atmosphäre des Urlaubsortes sekundär. Viel wichtiger sind die Fotos!

Warum denn Korea?

Eigentlich wollte ich nur ein Jahr in Korea bleiben und dann nach Berlin zurückgehen. Aus einem Jahr wurden schnell zwei. Als ich nach zwei vollen Jahren in Seoul zu einer Stippvisite nach Berlin kam und nur von neuen Jobs und Schwierigkeiten mit meinem Visum erzählte, eine Rückkehr an die Spree aber mit keinem Wort erwähnte, fragte mich eine Freundin: »Denkst du denn nicht langsam daran zurückzukommen?« Sie fügte hinzu: »Es scheint dir in Seoul doch sowieso nicht besonders gut zu gefallen.«

Ich redete mich heraus. Ich erzählte von meiner Arbeit beim koreanischen Radio und sagte, dass Joe im Moment nicht aus Korea weg könne. Vermutlich klang ich nicht besonders überzeugend. »Warum denn Korea?« – die Frage hakte sich in meinen Gedanken fest und ich überlegte, was wohl die Antwort darauf war. Manchmal wusste ich es selbst nicht so recht.

Ich musste zugeben, dass man von mir häufiger negative Äußerungen über Korea zu hören bekam als positive. Allerdings empfand ich es nie als Widerspruch, negative Aspekte anzusprechen und trotzdem weiterhin dort zu leben. Wenn man im Ausland lebt und arbeitet, muss man Land und Leute nicht notwendigerweise lieben. Meiner Meinung nach gibt es sowieso kein Land und keine Stadt, die einen 365 Tage im Jahr völlig zufrieden machen. Ich kenne viele Deutsche, die ständig über Deutschland schimpfen und mit ihren deutschen Nachbarn auf Kriegsfuß leben und trotzdem weiterhin in Deutschland bleiben. Irgendwann fiel mir auch auf, dass über die Anekdoten, in denen Korea als Land des Chaos, der Unberechenbarkeit und der Abstrusität vorkam, am meisten gelacht wurde – Anekdoten, bei denen sich die Zuhausegebliebenen heimlich beglückwünschten, dass sie zu Hause geblieben waren. Für Koreas landschaftliche Schönheit, traditionelle Musik oder moderne Kunst interessierten sich nur wenige.

Warum also Korea? Wenn ich über etwas nachdenke und zu keinem Schluss komme, schreibe ich manchmal Pro- und Kontra-Listen oder Zettel, auf denen ich alle meine Assoziationen notiere – meine Freundin Katerina nennt diese Kritzeleien professionell »Mindmap«. Ich beschloss, eine Mindmap zum Thema Korea zu schreiben. Die Frage »Warum denn Korea?« setzte ich in die Mitte der Seite. Was waren die Gründe, weiterhin in Korea zu bleiben? Ich schrieb: »Joe«, unterstrich seinen Namen, kreiste ihn ein und verzierte das Ganze mit einer Reihe von Kringeln, während ich weiter meinen Gedanken freien Lauf ließ.

Ich erinnerte mich an das Entsetzen meiner damaligen Chefin in Berlin, als ich ihr gleichzeitig meine Kündigung und meine Korea-Pläne mitteilte. Sie fragte: »Wie lange kennen Sie diesen Mann denn schon?« Ich sagte damals: »Acht Monate!« – und versuchte, entschlossen zu klingen. Ich dachte daran, wie ich als Teenager mit Begeisterung Simone de Beauvoirs Bücher gelesen hatte und nach der Lektüre zu dem Schluss kam, eine Frau müsse ein selbstbestimmtes Leben führen und dürfe sich nicht nach Männern und deren Wünschen richten.

Als ich die Bücher Jahre später wieder in die Hand nahm, war ich nicht mehr so begeistert und fand, dass es eigentlich Simone de Beauvoir war, die sich jahrzehntelang nach den Launen eines Mannes gerichtet hatte. Aber ich war wohl kaum diejenige, die ein Recht dazu hatte, sich über sie lustig zu machen. Ich notierte die Frage: »Kann es die moderne Frau im 21. Jahrhundert überhaupt verantworten, einem Mann hinterherzureisen?« Dann kritzelte ich als Antwort: »Ja! Warum nicht?«

Meiner Meinung nach bedeutet Emanzipation vor allem Wahlfreiheit – und es war eben meine freie Wahl, Joe nach Korea zu folgen.

Aber es musste doch noch einen anderen Grund außer Joe geben. Mit der Zeit hatte ich gute Freunde in Seoul gefunden. Ich schrieb die Namen einiger Freunde auf und sah mir die Liste an. Dabei fiel mir auf, dass ich einige Namen wieder durchstreichen musste. Sheila hatte Seoul längst verlassen und Whitney bereitete gerade ihre Rückkehr in die USA vor. Freundschaften in Seoul haben meist ein Verfallsdatum. Bei befreundeten Koreanern endet die Freundschaft oft mit deren Hochzeitstag, denn verheiratete Koreaner führen ein eingeschränktes Sozialleben. Freundschaften mit anderen Ausländern dauern bis zu dem Tag, an dem das Visum des einen oder des anderen abläuft.

Mit wirklich guten Freunden hielt ich Kontakt über alle Kanäle der modernen Kommunikation – E-Mail, Messenger, Facebook. Meine deutschen Freunde standen mir dadurch – obwohl ich sie maximal zwei Mal im Jahr sah – noch genauso nahe wie zu der Zeit, als wir uns die Nächte in Berliner Bars um die Ohren geschlagen hatten. Ich beschloss, den ganzen Freundschaftsaspekt von der Liste zu streichen. Freundschaften konnte man über mehrere Kontinente hinweg pflegen. Es war letztendlich nicht ausschlaggebend, ob man in dem einen Land lebte oder in dem anderen.

Ich ging zurück zur Ausgangsfrage: »Warum denn Korea?« Es musste doch etwas Koreaspezifisches geben, das das Land an sich attraktiv machte und nicht einzelne Menschen, die in dem Land lebten. Ich fing an, Kleinigkeiten aufzuschreiben, die mir in Korea gefielen. »Wasser« – in Korea bekommt man in jedem Restaurant umsonst so viel Wasser wie man trinken kann. Oft vergaß ich, dass das in Deutschland nicht üblich ist, und ärgerte mich bei jedem Deutschlandbesuch, wenn ich im Restaurant stilles Wasser bezahlen musste.

Dann notierte ich »besserer Service«. Wenn man aus der Servicewüste Deutschland kommt, fällt einem die Servicebereitschaft in Korea sofort auf. Die Kellner sind nicht nur deutlich freundlicher als in Deutschland, wenn man im Restaurant auf einen Tisch warten muss, wird einem als Entschuldigung für die Wartezeit ein Glas Wein oder eine Tasse Kaffee angeboten. An Tankstellen bekommt jeder Kunde entweder ein Päckchen Taschentücher oder eine Flasche Wasser geschenkt. An deutschen Tankstellen dagegen scheint manchmal schon ein Lächeln zu viel verlangt.

In Korea kann man nahezu alles, was kaputtgeht, wieder zum Händler zurückbringen und dort kostenlos reparieren lassen – auch wenn man die Quittung weggeworfen hat und die Garantie längst abgelaufen ist. In Deutschland tut man sich manchmal schwer, überhaupt jemanden zu finden, der einem etwas reparieren kann. Einmal wollte ich in Deutschland meine Lieblingshose kunststopfen lassen, aber die Schneiderin weigerte sich, den Auftrag anzunehmen, weil er ihr zu unbedeutend erschien.

Als Nächstes fielen mir »kleine Geschenke« ein. Koreanische Kosmetikläden verteilen immer viele Pröbchen, manchmal werden einem auch Wattepads oder Schlankheitstees angeboten. Zu jeder Modezeitschrift, die man in Korea kauft, bekommt man ein kleines Geschenk – Kosmetiktaschen, Portemonnaies, Kissen … Manchmal ist der Wert des Geschenkes höher als der Preis der Zeitschrift. Selbst wenn einem die kleinen Beigaben der Modezeitschriften nicht gefallen, kann man sie aufheben und später weiterverschenken. Oft kaufte ich die Zeitschriften nur, weil ich das Geschenk haben wollte.

Aber es konnte doch nicht sein, dass ich immer noch in Korea war, nur weil ich dort Werbegeschenke bekam. Ich dachte weiter nach und schrieb das Wort »Chancen« auf. Manchmal überlegte ich mir, was wohl aus mir geworden wäre, wenn ich nicht nach Korea gegangen wäre. Vermutlich hätte ich immer noch einen befristeten Vertrag bei einer Kulturinstitution, vielleicht auch ein schlecht bezahltes Volontariat. Sehr wahrscheinlich würde ich an der Grenze zum Prekariat leben – wie so viele Lebenskünstler, die ich aus Berlin kannte. So schwierig die Arbeitssuche in Korea war, boten sich doch Chancen, die sich in Deutschland nie aufgetan hätten. Allerdings benötigte ich dabei viel Geduld.

In Deutschland hätte ich nie die Möglichkeit gehabt, in einer populären Fernsehshow aufzutreten, weil sich einfach niemand für meine Ansichten über gute und schlechte Manieren, Familienstrukturen oder kulturelle Unterschiede interessiert hätte. In Korea genügten mein europäisches Gesicht und mein Kindergartenkoreanisch als Qualifikation, um ins Fernsehen zu kommen. Auch beim Radio hätte ich in Deutschland keine Arbeit gefunden – ohne mich von der untersten Stufe als Kaffee kochende Praktikantin nach oben zu arbeiten. Beim koreanischen Radio war man begeistert von meinen Sprachkenntnissen und stellte mich sofort ein.

Ich war nicht die einzige Deutsche, die ihr Glück im Ausland suchte, und ich fragte mich, wie lange es sich Deutschland wohl noch erlauben konnte, die Jungen und Gutausgebildeten mit schlechter Bezahlung und prekären Arbeitsverhältnissen zu vergraulen. Dabei gibt es – darin liegt eine gewisse Ironie – in Korea ein ähnliches Problem. Abgeschreckt von den harten Arbeitsbedingungen, den starren Hierarchien und der Vetternwirtschaft, verlassen viele junge hochgebildete Koreaner das Land, um im westlichen Ausland noch einmal von vorne anzufangen.

In Korea konnte ich Erfahrungen sammeln, die ich in Deutschland nie gemacht hätte. Ich schrieb das Wort »Erfahrung« auf. Durch meinen Status als Fernsehausländerin lernte ich in Seoul Menschen kennen, die mir nirgendwo anders auf der Welt begegnet wären – oder selbst wenn wir uns über den Weg gelaufen wären, hätten wir uns wohl kaum etwas zu sagen gehabt. Ich traf exzentrische Designer, schwermütige Diplomaten und leicht neurotische Diven, drogenabhängige Schnulzensänger und egomanische Starregisseure. Mir war immer klar, dass weder Korea noch das koreanische Showbusiness jemals meine Welt sein würden – aber es war zumindest eine Welt, deren Glanz und Elend ich mir mit wachsender Faszination, dabei aber auch mit einer gewissen Distanz, ansah.

Meine Mindmap sah inzwischen ziemlich chaotisch aus – mit all den dahingekritzelten und den durchgestrichenen Wörtern. Ich fügte das Wort »interessant« hinzu. Interessant ist das Leben in Korea auf jeden Fall. Jeder Tag hält neue Überraschungen bereit. Manchmal waren diese Überraschungen angenehm – wie ein spannender neuer Job, den man von einem Tag auf den anderen anfangen konnte. Manchmal waren sie unangenehm – wenn man beispielsweise ganz plötzlich vor die Tür gesetzt wurde und sich in größter Eile eine neue Wohnung suchen musste. Der Alltag in Korea ist dynamisch, schrill-bunt, hektisch, aber nie monoton.

Korea kann einen an den Rand des Nervenzusammenbruchs treiben, aber es langweilt einen nie. Ich fand es faszinierend, ein Land zu beobachten, das sich im Umbruch befindet. Das Korea, das ich kennenlernte, war nicht mehr das Land des Koreakriegs, das Land, aus dem Hunderte Kinder zur Adoption freigegeben wurden, das Land der Olympischen Spiele von 1988 – und es war noch nicht das Land, das es vielleicht einmal viele Jahre später werden würde und dessen Entwicklung sich erahnen ließ: ein weltoffenes, liberales Land, vielleicht auch ein wiedervereinigtes Land.

Als Deutsche interessierte ich mich besonders für die Teilung und die mögliche Wiedervereinigung Koreas. Tatsächlich hat die von Nordkorea ausgehende Bedrohung aber auf mein Leben in Seoul weniger Einfluss als ich anfangs gedacht hatte. Im Gespräch mit koreanischen Freunden wurde Nordkorea selten erwähnt. Das Thema wurde meist taktvoll umgangen. Viele junge Koreaner interessieren sich wenig für das kommunistische Nachbarland. Wäre das Elend im Norden ständig präsent, wäre vermutlich der frenetische Konsumrausch im Süden nicht mehr möglich. Zwischen Nord- und Südkorea ist die Kluft wesentlich größer als sie jemals zwischen Ost- und Westdeutschland war. Wenn das Gespräch tatsächlich einmal auf Nordkorea kam, sprachen die meisten Koreaner mit derartiger Verachtung über den Norden, dass eine Wiedervereinigung schon allein wegen dieser Einstellung in weite Ferne gerückt schien.

Nordkorea geistert zwar als Phantom durch die südkoreanischen Medien, hat aber auf den Alltag in Seoul kaum Auswirkungen. So wenig es den meisten Koreanern im Süden gefällt, mit dem verhassten Norden in einem Atemzug genannt zu werden – wenn das westliche Ausland auf Korea blickt, geht es in den meisten Fällen um die Teilung der Halbinsel und deren Konsequenzen. Das kommunistische Nordkorea und das kapitalistische Südkorea haben bisher keinen Frieden, sondern nur einen Waffenstillstand geschlossen. Schon allein diese Ungewissheit macht Korea zu einem Land, auf das die Welt mit großen Erwartungen blickt.

Aber nicht nur die politische Situation machte Korea für mich interessant. Unumstößliche Traditionen gibt es in Deutschland kaum noch, die deutsche Kultur ist längst mit der gesamteuropäischen verschmolzen, »typisch deutsch« gilt eher als Beleidigung, Nationalismus ist in Deutschland – aus gutem Grund – bei weiten Teilen der Bevölkerung verpönt. Für mich ist es gleichzeitig faszinierend und befremdlich, in einem Land zu leben, das eine ausgeprägte eigene Kultur hat und an ihr – im Guten wie im Schlechten – verbissen festhält. So unangenehm die Auswirkungen des koreanischen Nationalismus oft sind, das Phänomen an sich finde ich spannend zu beobachten.

Die koreanische Kultur ist in vieler Hinsicht der deutschen diametral entgegengestellt. Irgendwann kam ich zu dem Schluss, dass diese Gegensätzlichkeit zwar den Reiz darstellte, aber eine komplette Anpassung für mich unmöglich machte. Ich konnte nicht alles, was ich als Kind in Deutschland gelernt hatte, einfach über Bord werfen, nur weil man in Korea der Meinung war, dass das Gegenteil richtig ist. Im Grunde genommen ging es gar nicht um richtig oder falsch oder um die Überlegenheit oder die Unterlegenheit der einen oder der anderen Kultur. Ich akzeptierte Koreas Eigenheiten und gewöhnte mich mit der Zeit an die charmante Dreistigkeit und die derbe Liebenswürdigkeit der Koreaner. Nur war mir immer klar, dass Korea für mich – und für alle Ausländer, die ich kannte – rätselhaft und unergründlich bleiben würde. Es war das Land, in dem wir lebten, zu dem wir aber dennoch nur begrenzten Zugang hatten – ein Land, das wir von außen beobachten, betrachten und beschreiben konnten, das wir in seiner ganzen Tiefe aber vermutlich nie verstehen würden.

Das Grace-Kelly-Syndrom

Als die amerikanische Schauspielerin Grace Kelly 1956 den jungen monegassischen Fürsten Rainier heiratete, hielten viele ihren Umzug nach Monaco für das märchenhafte Happy End einer Bilderbuchromanze. Doch angeblich hatte die junge Fürstin in ihren ersten Jahren furchtbares Heimweh, weinte viel, verbrachte die meiste Zeit mit Briefeschreiben und Telefonaten nach Amerika, ließ sich Möbel und andere Gegenstände aus Übersee kommen, um sich in Monaco heimischer zu fühlen.

So behauptet es zumindest eine ziemlich reißerische Biografie über Grace Kelly, die mir vor Jahren in die Hände gefallen ist. Ob die Darstellungen der Wahrheit entsprechen oder Dichtung eines effekthascherischen Biografen sind, die beschriebenen Symptome klingen doch nach etwas, das heute Kulturschock genannt wird.

Über dieses Phänomen wurde inzwischen viel geforscht und geschrieben. Wissenschaftlich gesehen werden vier Phasen des Kulturschocks unterschieden. In der ersten empfindet der Neuankömmling in seinem Gastland eine uneingeschränkte Begeisterung für die fremde Kultur und das Leben im Ausland. In dem neuen Land gibt es viel Neues zu entdecken. Alles wirkt exotisch, interessant, abenteuerlich und spannend. Da das Wissen über das Gastland und dessen soziale Strukturen in dieser Phase meist relativ bescheiden ist, werden mögliche Reibungspunkte noch nicht erkannt oder als Lokalkolorit romantisch verklärt.

Die Euphorie ebbt in der zweiten Phase ab. Erste Probleme treten auf, die meist mit Schwierigkeiten bei der Verwendung oder dem Erlernen der Landessprache verbunden sind. Durch die Sprachprobleme und kulturellen Unterschiede entstehen erste Konfliktsituationen, gesellschaftliche Fauxpas passieren, die als peinlich und demütigend empfunden werden. Die Bewältigung einfacher alltäglicher Handlungen wird zum Kraftakt. Das Gefühl, Ausländer zu sein und damit außerhalb der Gesellschaft des Gastlandes zu stehen, wird verstärkt wahrgenommen.

Wenn die negativen Erfahrungen sich häufen, kann es in Phase drei zu einer bewussten Entfremdung und Isolation vom Gastland kommen. Viele Ausländer kapseln sich in dieser Phase ab, umgeben sich nur mit anderen Ausländern und klammern sich an das letzte Stückchen Heimat, das ihnen übrig bleibt – das kann sich in Form von Ablehnung der lokalen Küche und Bevorzugung des gewohnten Essens ausdrücken oder in der Fixierung auf aus der Heimat mitgebrachten Gegenständen wie Möbel, Kunstobjekte oder Kleidungsstücke. In der dritten Phase werden oft Vergleiche zwischen dem Heimatland und dem Gastland gezogen. Das intensiv empfundene Heimweh lässt die Erinnerungen an das Heimatland meist verzerrt erscheinen. Gegenüber dem idealisierten Bild der Heimat wird der Alltag im Gastland meist als unfreundlich, schwer durchschaubar, manchmal sogar als bedrohlich wahrgenommen.

In der vierten Phase geschieht meist eine – gewollte oder ungewollte – Anpassung. Diese Phase tritt nach mehreren Monaten, in manchen Fällen erst nach mehreren Jahren, ein, wenn der Ausländer genug über das Gastland weiß, um sowohl positive wie negative Aspekte realistisch einschätzen zu können. Zu der Zeit haben sich meist Kommunikationsprobleme durch verbesserte Sprachkenntnisse relativiert. Das neu erworbene Wissen über kulturelle Eigenheiten des Gastlandes hilft, anfängliche Fauxpas zu vermeiden und über die Erfahrungen der ersten Monate in der Retrospektive zu lachen.

Die Bezeichnung Kulturschock ist, meiner Meinung nach, irreführend, weil sie auf eine punktuelle negative Erfahrung hindeutet und nicht auf einen lang anhaltenden Prozess. Der eigentliche Kulturschock findet in der zweiten Phase statt, wenn sich der Ausländer im Gastland plötzlich seiner Andersartigkeit und seiner Fremdheit bewusst wird. In Korea dachte ich öfter an Grace Kellys Geschichte. Irgendwann taufte ich den Prozess der vier Phasen des Kulturschocks in das Grace-Kelly-Syndrom um, weil ich den Begriff treffender und auch tröstlicher fand. Schließlich weiß jeder, dass Grace Kelly nach anfänglichen Eingewöhnungsschwierigkeiten ihre Rolle als monegassische Fürstin glanzvoll ausfüllte.

Wer länger im Ausland lebt, wird zwangsläufig irgendwann mit dem Grace-Kelly-Syndrom konfrontiert werden. Wer weit gereist, gut ausgebildet und bestens vorbereitet seinen Auslandsaufenthalt antritt, glaubt meistens, gegen das Grace-Kelly-Syndrom immun zu sein. Viele denken, Kulturschock sei etwas, das nur die Naiven – Menschen eben, die sich schnell schockieren lassen – treffen könne. Tatsächlich bleibt jedoch kaum jemand davon verschont. In Korea lernte ich Ausländer kennen, die von ihrer Firma entsandt worden waren, und deren mitgereiste Partner, Austauschstudenten, Sprachlehrer, die es nach Korea verschlagen hatte, Heiratsmigranten, heimgekehrte Diaspora-Koreaner und koreanische Adoptivkinder, die im westlichen Ausland aufgewachsen und nun auf der Suche nach ihren Wurzeln waren – so unterschiedlich ihre Situation und ihre Lebensumstände sein mochten, alle wiesen mehr oder weniger ausgeprägt Symptome des Grace-Kelly-Syndroms auf.

Die Symptome reichen von permanenter Reizbarkeit zu Übersensibilität und führen manchmal bis zu Angstzuständen, Weinkrämpfen, Waschzwang und depressiven Verstimmungen, die sich sogar zu klinisch relevanten Depressionen auswachsen können. Manche Ausländer kapseln sich völlig ab und führen ein einsames Dasein in ihrer selbst gewählten Isolation. Andere werden übertrieben kommunikativ und extrovertiert, stürzen sich auf jeden Landsmann, den sie finden können, und drängen ihm ihre Lebensgeschichte auf.

Es gibt viele unterschiedliche Ausprägungen des Grace-Kelly-Syndroms, eines haben jedoch alle Betroffenen gemeinsam: Sie schämen sich für den Zustand, in dem sie sich befinden. Die Unfähigkeit, mit dem Alltag in einem fremden Land fertig zu werden, sehen viele als Schande an. Eine weitverbreitete Ansicht lautet: In einer globalisierten Welt müssen alle mobil, flexibel und zielgerichtet sein. Wer es nicht schafft, sich anzupassen, hat verloren. Wer sich negativ über eine fremde Kultur äußert, mit der er nicht zurechtkommt, gilt als ignorant, respektlos und engstirnig.

Ich fand es eigentlich immer eher verwunderlich, wenn jemand behauptete, keine Anpassungsschwierigkeiten zu haben und sich immer nur politisch korrekt und freundlich über Korea äußerte. Gerade wenn sich die kulturellen Gegebenheiten im Gastland und im Heimatland fundamental voneinander unterscheiden, stellt man irgendwann fest, dass vieles, was im Heimatland als richtig und gut galt, auf einmal keine Bedeutung mehr hat. Das kann bei ganz banalen Dingen wie Tischmanieren anfangen.

Die meisten Koreaner, die ich kenne, essen äußerst geräuschvoll. Schmatzen, Schlürfen und Kauen mit offenem Mund werden als durchaus akzeptabel angesehen. Zu meiner größten Bestürzung erlebte ich es mehrmals, dass ältere Koreaner ungeniert vor mir rülpsten und furzten. Ich versuchte, diese Vorfälle taktvoll zu ignorieren, hielt diese Leute von da an aber für leicht unkultiviert.

Umgekehrt ärgern sich Koreaner oft über Ausländer, die die verschiedenen Höflichkeitsstufen durcheinanderbringen und sich deshalb oft in einem für koreanische Ohren rüden Ton äußern. Sich in der Öffentlichkeit – oder im schlimmsten Fall bei Tisch – kräftig die Nase zu putzen, mit Schuhen einen Wohnraum, ein traditionelles koreanisches Restaurant oder eine Umkleidekabine zu betreten, ein angebotenes Glas Schnaps abzulehnen, vor einem Älteren anfangen zu essen, ungeschickt mit Stäbchen zu hantieren, gerade erhaltene Visitenkarten desinteressiert zur Seite zu legen oder achtlos in die Gesäßtasche zu stecken ... – in Korea gibt es Hunderte möglicher Fauxpas, an die Ausländer meist nicht denken, weil es in ihren Heimatländern völlig normal und nicht im Geringsten unhöflich ist, sich so zu benehmen. Der koreanische Gesprächspartner wird im besten Fall leicht pikiert darüber hinweggehen. Im schlimmsten Fall kann sich der Fremde darauf gefasst machen, sich von älteren Koreanern eine Standpauke über Benimmregeln anhören zu müssen.

Als ich mich einmal über »mangelnde Tischmanieren« bei einem koreanischen Freund beschwerte, stieß ich nur auf Unverständnis, weil er nicht wusste, was ich meinte. Indem ich meine westlichen Tischmanieren als Standard nahm, machte ich unbewusst den gleichen Fehler wie koreanische Ajummas, die sich endlos über das schlechte Benehmen von Ausländern aufregen: Ich benutzte eine Messlatte, die eigentlich unbrauchbar war – ich verglich Äpfel mit Birnen.

Die Erkenntnis, dass weder die eine noch die andere Kultur besser oder schlechter ist, sondern eben nur anders, mag naheliegend und auch politisch korrekt sein. Wer direkt betroffen ist und mit alltäglichen Unannehmlichkeiten in einem fremden Land kämpft, wird allerdings nur müde darüber lächeln. Bücher, die sich mit dem Thema Kulturschock beschäftigen, erklären, wie man am besten mit Heimweh und Frustration fertig wird. Die Standardratschläge lauten: Erlernen der Landessprache und einheimische Freunde finden. Die vorgeschlagenen Methoden machen durchaus Sinn, sind aber kein Patentrezept. Je nach Ausprägung des Grace-Kelly-Syndroms und auch von Tag zu Tag können die Bedürfnisse des Einzelnen unterschiedlich sein.

In den Büchern wird auch nicht erwähnt, dass der Prozess der vier Phasen oft nicht linear abläuft. Es gibt Rückfälle von einer Phase in die andere. Selbst gut integrierte, zufriedene Ausländer können durchaus ihre mürrischen Phase-drei-Tage oder einen Rückfall in Phase zwei mit all der Konfusion und der Unsicherheit haben. Genauso kann an manchen Tagen die Anfangseuphorie aus Phase eins zurückkehren. Manche durchlaufen nicht einmal alle vier Phasen, sondern bleiben in einer Phase hängen.

Wie es aussieht, wenn man in Phase drei feststeckt, verdeutlicht ein Besuch in Itaewon. Itaewon ist ein Viertel in Seoul, das sich um den US-Armeestützpunkt herum entwickelt hat. In dem Viertel haben sich jedoch nicht nur Amerikaner niedergelassen, sondern auch indische, pakistanische, arabische und andere Einwanderer. Dieses Vielvölkergemisch in dem – wie Koreaner stolz bemerken – »ethnisch homogenen« Korea ist schon allein wegen der hohen Konzentration ausländischer Restaurants attraktiv. Wenn ich einen Rückfall in Phase drei oder einfach keine Lust auf koreanisches Essen habe, gehe ich mit Joe oft nach Itaewon. Ich bestelle mir dann ein Falafel-Sandwich oder Palak Paneer, mein Lieblingsgericht beim Inder.

Itaewon wird im Wesentlichen von Ausländern frequentiert und von Koreanern, die gezielt Kontakt zu Ausländern suchen – im Klartext: von Koreanerinnen auf Männerfang. Da die Nordamerikaner in Itaewon eindeutig dominieren, hat sich dort eine englisch sprechende Parallelgesellschaft entwickelt, in der amerikanische Feiertage begangen werden. Einmal war ich mit Joe an einem Abend Ende Oktober in Itaewon unterwegs. Im Restaurant saßen wir neben einem Paar, das sich als Batman und Playboy-Bunny verkleidet hatte. Wir wunderten uns über den nicht gerade alltäglichen Anblick. Es dauerte einen Moment, bis uns klar wurde: Es war Halloween.

Nach dem Essen zogen wir weiter in einen Pub, wo sich angetrunkene Amerikaner in Feierlaune drängten. Niemand sprach dort auch nur ein Wort Koreanisch. Selbst Joe musste sein Bier auf Englisch bestellen. Nur wenige U-Bahn-Stationen entfernt war das wirkliche Korea, in dem es Menschen gab, die das Wort Halloween nicht einmal aussprechen konnten und die den Anblick eines Playboy-Bunnys im Restaurant oder auf der Straße als höchst anstößig empfunden hätten.

Ich selbst wohne nicht in Itaewon oder einem anderen Ausländerviertel. Seit einiger Zeit spreche ich passabel Koreanisch und habe mich so weit angepasst, wie es mir möglich war. Aber in manchen Punkten – wie Hierarchiedenken, Emanzipation und dem Umgang mit Tieren – finde ich es schwierig, Koreaner zu verstehen. Wenn ich einem älteren Koreaner begegne, der mit der ganzen Autorität und Selbstgefälligkeit seines Amtes völlig unlogische Entscheidungen trifft, oder wenn mir eine halbverhungerte Straßenkatze über den Weg läuft, die von wohlbeleibten Passanten verscheucht wird, löst dies bei mir jedes Mal einen Rückfall in das Grace-Kelly-Syndrom aus.

An manchen Tagen half es mir, mit Joe oder anderen koreanischen Freunden über diese kulturellen Unterschiede zu diskutieren. Manchmal war ich am Ende des Gesprächs genauso schlau wie vorher, aber ich fand es zumindest beruhigend, dass sich jemand die Mühe machte, mir etwas zu erklären. An anderen Tagen fand ich es wesentlich befriedigender, mit meiner Mitbewohnerin Sheila oder anderen ausländischen Freunden über Korea und nahezu jeden Aspekt der koreanischen Gesellschaft ausgiebig zu schimpfen und einfach Dampf abzulassen.

Manchmal, wenn das Heimweh stärker war als die Frustration über etwas, das mich störte, zog ich T-Shirts mit dem Emblem der FU oder mit einem stilisierten Fernsehturm an. Oder ich sah mir im Internet stundenlang die Website des Deutschen Historischen Museums in Berlin an. Von einer Webcam auf dem Dach des Museums werden vierundzwanzig Stunden am

Tag Bilder vom Palast der Republik, Unter den Linden und – in weiter Ferne – dem Fernsehturm aufgezeichnet. Ich machte mir einen Spaß daraus, zu jeder Tages- und Nachtzeit das Wetter, den Verkehr und einfach ein Stückchen Berlin zu beobachten. Einmal spazierte ich bei einem Berlinbesuch tatsächlich mit meiner Freundin Veronika Unter den Linden entlang. Wir inspizierten die skelettartigen Überreste vom Palast der Republik. Dabei kam mir der Gedanke, dass in genau diesem Moment vielleicht im Internet jemand anderes in einem anderen Land, auf einem anderen Kontinent, in einer anderen Zeitzone, von Heimweh und Sehnsucht geplagt, Veronika und mich mitten im Menschengetümmel in Berlin-Mitte beobachtete.